Bettina Lukic

Praxishandbuch für Personalberater

Zur praktischen Anwendung für die Personaldienstleistung

© 2016 Bettina Lukic

Impressum:
Bettina Lukic
Julie-Bikle-Strasse 31
8406 Winterthur
Schweiz

www.bettinalukic.com

Ich habe die Schweizer Rechtschreibung angewendet.

Cover: Daniel Morawek
Coverfotos: shutterstock.com Evgeny Karandaev und Bashutskyy
Satz: ebokks, Hildesheim

Copyright

Alle Rechte sind vorbehalten. Kein Teil dieser Publikation darf ohne die schriftliche Zustimmung von Bettina Lukic in irgendeiner Form oder mit irgendwelchen Mitteln, elektronisch oder mechanisch, vervielfältigt oder übertragen werden. Das beinhaltet Fotokopieren, Aufnahmen und jede Form der Informationsablage, die bekannt ist oder erfunden wird. Ausgenommen sind nur Rezensent_innen, die kurze Ausschnitte im Zusammenhang mit einer Rezension in einer Zeitung, einem Magazin, Video, einer Sendung oder im Internet zitieren.

Inhaltsverzeichnis

Einleitung 5

Aufgaben eines Personalberaters 9
Mein Arbeitsalltag 11

5 Schritte, um Bewerber erfolgreich zu vermitteln ... 15
Schritt 1: Bewerber rekrutieren 15
Schritt 2: Selektion der Bewerber 19
Schritt 3: Umgang mit Spontanbewerbungen 24
Schritt 4: Das telefonische Erstgespräch 25
Schritt 5: Interview mit dem Bewerber vorbereiten 29

Bewerber betreuen 39
Bewerbungsunterlagen an den Kunden schicken 41
Einladung zum Vorstellungsgespräch beim Kunden vor Ort 47
Bewerber dem Kunden via Telefon präsentieren 50

Arbeiten mit dem Kunden 55
Wie komme ich an Kundenaufträge? 55
Zusammenarbeit mit dem Kunden 57
Den Kunden persönlich kennenlernen 58
Einwände des Kunden (Firma) 62

Effektives Arbeiten 64
Organisation am Schreibtisch 64
Organisation am PC 65
E-Mail-Programm-Organisation 65
Zeitmanagement 66
So motiviere ich mich zum Erfolg 67
Zusammenfassung des Bewerbungsprozesses als Checkliste 70
Mustervorlagen 75

Schlusswort 83

Einleitung

Hallo!

Ich bin Personalberaterin und, wie manche sagen, eine Weltverbesserin.

Seit dem Abschluss meiner Berufsausbildung bin ich im Bereich Kundenberatung, -betreuung tätig. Begonnen habe ich in der Finanzdienstleistungsbranche, und seit Anfang 2011 bin ich Personalberaterin in internationalen und regionalen Personalvermittlungsunternehmen im temporären und Festanstellungsbereich. In diesem Buch richte ich den Fokus auf die Festanstellungen.

Als ich in der Personalberatung angefangen habe, musste ich mir sehr oft die notwendigen Arbeitsgrundlagen selbst aneignen, was mich Zeit und Nerven gekostet hat. Oft wünschte ich mir eine Anleitung, wie ich gewisse Arbeiten schnell, effizient und kompetent erledigen kann.

Durch meine langjährige Erfahrung als Personalberaterin habe ich sehr viel selbst ausprobiert und getestet. So habe ich herausgefunden, was für mich funktioniert und was nicht. Ich habe mich über die Jahre intern und extern weitergebildet, bin viele neue Wege gegangen, habe Dinge optimiert und für mich angepasst.

Ich bin mir sicher, dass sich auch andere Personalberater die ebenfalls am Anfang ihrer Karriere stehen, sich eine zusätzliche Hilfestellung wünschen, mit der sie ihre Arbeit anpacken oder optimieren können.

Der ausschlaggebende Punkt für die Entstehung des Praxishandbuchs war, dass mich eine Führungsperson ansprach und fragte, ob ich nicht Lust hätte, vor meinen Kollegen über meine Erfolge zu referieren, um ihnen meine wirksamen Tipps und Tricks weiterzugeben. Im Anschluss daran hat mich mein Mann auf die Idee gebracht, dieses Praxishandbuch zu verfassen. Hier habe ich aus meiner Erfahrung geschrieben und Informationen über meine Arbeit als Personalberaterin zusammengestellt. Diese Tipps gebe ich gerne weiter, und jeder entscheidet selbst, was er für sich mitnimmt.

Ich schreibe für Personalberater, die schon länger dabei sind und neue Denkanstösse brauchen, und für diejenigen, die am Anfang ihrer Karriere stehen und sich eine zusätzliche Hilfestellung und Motivation wünschen. Dieses Praxishandbuch liefert wertvolle Tipps, Anleitungen und Tricks, wie du Arbeitsschritte schnell, effizient und kompetent erledigen kannst. Ausserdem hilft es dabei, den eigenen Weg als Personalberater erfolgreich zu gestalten, um Bewerber und Kunden zusammenzuführen, Kunden zu gewinnen und zu behalten. Des Weiteren zeige ich Möglichkeiten auf, wie du dein Zeitmanagement im Arbeitsalltag meistern kannst und beschreibe, wie ich mich motiviere, um an mein Ziel zu kommen.

Lass uns gemeinsam motiviert und effektiv vermitteln und beraten, damit die Bewerber und die Firmen zufrieden sind und wir Freude an unserer Arbeit haben.

Ich schreibe für dich, du stehst im Mittelpunkt.

Ich glaube an eine Welt, in der Menschen mutig ihren Weg gehen, an sich selbst glauben und nie aufgeben.

(Foto: Michael Seiz)

Bettina Lukic

www.xing.com/profile/Bettina_Lukic
www.linkedin.com/in/bettina-lukic-ab750039

Ich habe ergänzende Checklisten im PDF-Format als Bonusmaterial für dich bereitgestellt. Hier kannst du dich kostenlos dafür anmelden: www.bettinalukic.com/bonus

Aufgaben eines Personalberaters

Als Personalberater suche ich für Personen, die auf Stellensuche sind, eine geeignete Arbeitsstelle. Zumeist sind das Menschen, die in einer Anstellung sind und eine neue Herausforderung suchen. Ich lade diese Personen zu einem Vorstellungsgespräch ein und erarbeite mit ihnen, was genau sie für eine Arbeitsstelle suchen und was ihnen dabei wichtig ist. Daraufhin recherchiere ich, welche Firma zu ihnen passt, und schlage der Firma meinen Bewerber vor, indem ich ihr die professionell vorbereiteten Bewerbungsunterlagen des Stellensuchenden zusende.

Das gehört zu den vielen Aufgaben, die du als Personalberater in deinem Arbeitsalltag zu meistern hast. Die nach meiner Ansicht wichtigsten liste ich hier auf und starte dabei aus der Perspektive des **Bewerbers:**

- aktive Bewerbersuche für die Besetzung von offenen Arbeitsplätzen bei den eigenen Kunden über die firmeninterne Datenbank

- Selektion der Bewerbungsunterlagen (via E-Mail, Post und/oder Registrierung via Firmenwebsite)

- Organisation von Vorstellungsgesprächen

- Kandidaten empfangen, interviewen, coachen und unterstützen

- Bewerbungsunterlagen qualitativ sauber vorbereiten (Lebenslauf, Ausbildungszeugnisse, Arbeitszeugnisse, Diplome, professionelles Foto)

- Einholen von Referenzen bei den Arbeitsstellen des Bewerbers

- Bewerbungsunterlagen an die einstellende Firma versenden

- Kandidatenbetreuung (per E-Mail oder Telefon auf dem Laufenden halten)

- Aufbau und Pflege eines Kandidatennetzwerks (Kandidaten-, Kundendatenbank, geläufige Portale im Internet, Empfehlungen)

- allgemeine administrative Tätigkeiten (Telefonate, E-Mail-Verkehr mit dem Bewerber)

Auf der **Kundenseite** gibt es ebenfalls wichtige Aufgaben, die du zu erfüllen hast:

- proaktive Betreuung von Bestandskunden und Neukundenakquise

- Marktrecherche durch Telefonakquise und Kaltbesuche

- Kundenbedürfnisse am Telefon und im Gespräch abklären

- Vorstellungsgespräche von Bewerbern vereinbaren

- professionelle Vertragsverhandlungen führen

- Berechnung von Honoraren

- Texten bzw. Delegieren und Korrigieren von Inseraten

- Inserate über das Internet schalten und auf der internen Website präsentieren
- allgemeine administrative Tätigkeiten (Telefonate, E-Mail-Verkehr mit dem Kunden)

Dazu noch ein paar **allgemeine Aufgaben**, die du für dich nutzen kannst. Ich empfinde sie als wesentlich:

- Datenbank kennenlernen
- E-Mail-Check
- Datenbankbewirtschaftung
- Gebiet und Profile kennenlernen

Zusammengefasst ist es als Personalberater wichtig, Inserate aufzuschalten, um an gute Bewerber heranzukommen: auf der Firmen-Website, über Social-Media-Kanäle und Jobplattformen. So stellst du sicher, dass die Bewerber dich finden können. Die interne Datenbank steht dir auch zur Verfügung, um sie nach geeigneten Kandidaten zu durchsuchen – sofern dein Arbeitgeber eine Kandidaten- und Kundendatenbank hat.

Wichtig ist, dass du am Markt deine Präsenz aufbaust und weiterentwickelst. Schreibe auf der internen Website oder über die Social-Media-Kanäle Stellen aus, mach du dich zum Experten für diese Berufsprofile – so lernen die Firmen mit der Zeit, dass du die besten Bewerber in diesen Bereichen hast. Sie kommen dann direkt auf dich zu, wenn sie einen entsprechenden Mitarbeiter suchen.

Mein Arbeitsalltag

Um als Personalberater überhaupt starten zu können, musst du deine Zielgruppe auf der Bewerberseite festlegen. Lasse dir dafür von deinem Vorgesetzten die Profile vorgeben oder informiere dich selbst über Jobplattformen, was es für offene Stellenangebote gibt. Suche dir maximal vier Berufsprofile aus, die zu dir passen und die du vermitteln kannst und oder möchtest.

Ich habe dir als Bonus eine »Linkliste Stellenvermittlungsportale im Internet« bereitgestellt. Hier findest du sie gratis zum Download: www.bettinalukic.com/bonus

Am besten ist es, wenn du den Beruf kennst und weisst, was derjenige machen muss. Über die firmeneigene Datenbank oder das Internet-Branchenverzeichnis findest du die Firmen, die für deine Profile interessant sein könnten.

Ausgewählte Beispiele von Berufsprofilen für dich:

Berufsprofile für den technischen Bereich

- *Konstrukteur*
- *Polymechaniker*
- *Automatiker*

Berufsprofile für den kaufmännischen Bereich

- *HR-Manager/in*
- *Einkäufer/in*
- *Assistent/in der GL*

Berufsprofile für Ingenieure

- *Maschinenbauingenieure*
- *Elektroingenieure*
- *Softwareingenieure*

Um deine Bewerber zu vermitteln, musst du auch dein Kundengebiet festlegen, z. B. Stadt XY, damit du auch die Bewerber findest, die in diesem Gebiet eine Stelle suchen – ausser, du hast diese Einschränkung nicht. Sobald du das bestimmt hast, kannst du gezielt deine Stellenprofile über geläufige Portale im Internet aufschalten, damit du zu passenden Bewerbern kommst.

Oder du beobachtest, welche Berufsprofile deine Kunden im Moment am stärksten nachfragen, besprichst sie mit dem Kunden und schaltest diese Stellen auf der firmeneigenen Website auf, um gezielt mit Kundenaufträgen zu arbeiten und so passende Bewerber zu erhalten. Ich selbst veröffentliche auch mindestens einmal pro Woche eine Stelle über Social Media (Xing). Das empfehle ich dir auch. Am besten, indem du fragst, ob jemand einen solchen Fachmann kennt, der interessiert wäre an einer solchen tollen Stelle. Dann kannst du den Vermittler vielleicht noch mit einer Belohnung locken, wenn dieser Kandidat von dir vermittelt wird.

Wenn du den geeigneten Bewerber gefunden hast oder er sich bei dir beworben hat, lerne ihn als nächsten Schritt direkt kennen, damit du deinen persönlichen Eindruck dem Kunden (Firma) vermitteln kannst.

Der Kunde ist auf jeden Fall König, und es ist wichtig, dass du mit ihm über seine Erwartungen an den neuen Mitarbeiter kommunizierst. Du musst ihm guten Service bieten und ihn im Rekrutierungsprozess unterstützen oder diesen ganz übernehmen (Mandat). Vertragsverhandlungen gehören auch zu deiner Aufgabe. Denn du willst sicherstellen, dass du zu deinem Vermittlungshonorar kommst, wenn du deinen Bewerber vermittelt hast.

Die Nachbetreuung deines Kunden ist ebenfalls sehr wichtig und gibt ihm ein gutes Gefühl, da er sich bei dir gut aufgehoben fühlt und weiss, dass du ihm zur Seite stehst und ihn durch den ganzen Prozess begleitest, wenn er wieder einen Mitarbeiter sucht.

Als Personalberater hast du in der Regel von deinem Arbeitgeber bestimmte wöchentliche Zielvorgaben im Bereich Telefonate führen, CV-Ausstoss, Kundenbesuche, die du zu erfüllen hast.

5 Schritte, um Bewerber erfolgreich zu vermitteln

Jetzt zeige ich dir fünf Schritte, die ich mit meinen Bewerbern gehe, um sie erfolgreich zu vermitteln.

Schritt 1: Bewerber rekrutieren

Ich schalte mindestens 45 Stellenanzeigen über die firmeneigene Website meines Arbeitgebers auf, die zu meinen ausgewählten Berufsprofilen passen.

Hier zwei Beispiele für Stellenanzeigen (Sätze und Aufzählungen):

Für unseren Kunden XY, ein internationales Grossunternehmen im Medizinbereich, suchen wir ab sofort oder nach Vereinbarung eine/n

Adjektiv + Stellentitel (engagierten Verkaufsmitarbeiter Medizinische Geräte m/w)

Ihre Aufgaben

In dieser sehr selbstständigen Position als ... sind Sie zuständig für ... vor Ort. Mit Ihrem eigenen Geschäftswagen werden Sie bei den Kunden die Arbeiten aufgrund von elektronisch und telefonisch übermittelten Kundenaufträgen ausführen. Sie werden der kompetente Ansprechpartner bei technischen Fragestellungen sein und die Kunden beraten sowie instruieren. Da uns ein professioneller Auftritt wichtig ist, werden Sie mit modernen Arbeitsmitteln und qualitativ hochwertigen Werkzeugen ausgestattet.

Ihre Fähigkeiten

Wir wenden uns an eine selbstständige und engagierte Person, die in ihrer Arbeit einen hohen Qualitätsanspruch hat und über eine genaue sowie saubere Arbeitsweise verfügt. Sie verfügen über eine abgeschlossene Ausbildung als ... oder konnten sich in einem verwandten Beruf im Bereich ... weiterbilden. Dank Ihrer offenen Art bereiten Ihnen der tägliche Kundenkontakt sowie das Beraten unserer Kunden viel Freude. Ausserdem bringen Sie gute PC-Kenntnisse sowie den Fahrausweis Kat. B mit. Abgerundet wird Ihr Profil durch Ihre stilsicheren Deutschkenntnisse sowie Ihren Wohnort in der Region ...

Ihr Ausblick

Sie erhalten eine fundierte und detaillierte Einführung in Ihr Arbeitsgebiet. Es wird ein angenehmes und unkompliziertes Arbeitsklima auf Sie warten, wo Sie eine vielseitige Position in einem erfolgreichen und gesunden Unternehmen übernehmen können. Zusätzlich bietet unser Kunde Ihnen attraktive Anstellungsbedingungen und gute Sozialleistungen.

Logo deiner Firma und dein Name

Für unseren Kunden XY, ein internationales Grossunternehmen im Medizinbereich, suchen wir ab sofort oder nach Vereinbarung eine/n

Adjektiv + Stellentitel (engagierten Aussendienstmitarbeiter Medizinische Geräte m/w)

Aufgaben

- *Planung und Realisierung von ...*
- *Projektabwicklung von der Konzeptphase bis zur Inbetriebsetzung, Hilfe bei der Weiterentwicklung des ...*
- *Kontakte mit Behörden, Lieferanten und Partnerunternehmen*
- *Akquisition und Pflege der Kundenkontakte*
- *Führung und Entwicklung der ...*

Qualifikation

- *Abschluss als ...*
- *Erfahrung in der Planung von ...*
- *sehr gute organisatorische und kommunikative Fähigkeiten*
- *unternehmerisches Denken, Eigeninitiative und Teamfähigkeit*
- *versierter Umgang mit ...*
- *gute Deutsch- und Englischkenntnisse*

Ihr Vorteil

- *Weiterbildungsmöglichkeiten*
- *Moderne Infrastruktur*
- *Qualifiziertes, kollegiales Team*
- *Regelmässige Arbeitszeiten*

Logo deiner Firma und dein Name

Zusätzlich suche ich aktiv nach Kandidaten für die Besetzung meiner Kundenaufträge in der internen Bewerberdatenbank und kommuniziere mit meinen Arbeitskollegen. Ich kontaktiere meine Kollegen per Telefon oder E-Mail und stelle meinen Kandidaten vor, um herauszufinden, ob einer von ihren Kunden so einen Fachmann benötigt.

Bei speziellen Kundenaufträgen frage ich manchmal Kandidaten direkt über die sozialen Medien an, ob sie an meiner Stelle interessiert sind. In der Regel versuche ich, mindestens ein Inserat in der Woche über soziale Medien zu posten, um auch so an gute Bewerber zu kommen.

Was mir bisher gut gelungen ist, ist, Empfehlungen von meinen Bewerbern einzuholen. So habe ich schon mehrere Kandidaten vermitteln können. Mir hat auch schon ein Kunde seinen Mitarbeiter weiterempfohlen, den er nicht mehr beschäftigen konnte. Es gibt viele Möglichkeiten, vor allem wenn du laufend kommunizierst. Über einen Infostand an Berufsschulen bin ich auch schon auf sehr gute Bewerber gestossen. Ich habe einmal von einer Firma einen Auftrag erhalten, bei dem ich die Stelle in meinem Namen über eine bekannte Zeitung ausschreiben durfte. Ich habe in diesem Fall die Rekrutierung persönlich übernommen und ein paar Kandidaten vermitteln können.

Ein Kollege erzählte mir, dass er in den Radionachrichten gehört hat, dass eine Firma diversen Mitarbeitern aus wirtschaftlichen Gründen kündigen musste, so ist er dann auch an Bewerber gekommen, weil er angerufen und seine Unterstützung angeboten hat. Wenn du proaktiv bist, findest du immer neue Wege.

<u>Beispiele für Social-Media-Kanäle, die ich nutze:</u>

Xing, LinkedIn, Monster, Kununu, Experteer, Jobbörse der Arbeitsagentur

Am liebsten nutze ich Xing und LinkedIn. Das sind Kontaktplattformen, die du in der Arbeitswelt für den beruflichen oder auch privaten Austausch nutzen kannst. Hier kannst du direkt und höflich mit Firmen oder Kandidaten, die zu dir passen, in Kontakt treten und dich vernetzen.

Schritt 2: Selektion der Bewerber

Nachdem du maximal vier Berufsprofile für dich bestimmt, die Stellenanzeigen aufgeschaltet hast und ich dir gezeigt habe, wie ich Kandidaten suche und finde, ist der nächste Schritt die Selektion der Bewerber.

Selektion der Bewerber für eine ausgeschriebene Stelle eines Kundenauftrags (E-Mail, Post und Registrierung, Bewerbungsunterlagen in der firmeninternen Datenbank)

Wenn sich der Kandidat über eine obige Quelle bewirbt, sende ich dem Bewerber eine Eingangsbestätigung:

Eingangsbestätigung an Bewerber

Sehr geehrte/r Frau/Herr [Mustername],

zunächst möchten wir uns für Ihre Bewerbung, eingegangen am [Musterdatum], und das damit verbundene Interesse an unserer Dienstleistung bedanken.

Aufgrund der Vielzahl der eingegangenen Bewerbungen wird die Bearbeitung der Unterlagen einige Zeit in Anspruch nehmen. Bitte haben Sie bis dahin noch etwas Geduld.

Sobald wir eine engere Auswahl getroffen haben, werden wir uns wieder mit Ihnen in Verbindung setzen. Sollten Sie in der Zwischenzeit anderweitig eine Stelle finden, bitten wir Sie, uns dies mitzuteilen, damit wir die Suche einstellen können.

Besten Dank für Ihr Verständnis.

Freundliche Grüsse

[Signatur]

Im Anschluss schaue ich die Bewerbungsunterlagen durch und gleiche sie mit meinem Kundenauftrag/Stellenprofil oder dem Berufsprofil ab.

Dabei achte ich vor allem auf folgende Punkte:

Alter, Nationalität (Aufenthaltsbewilligung, wenn kein Staatsbürger), Wohnort, Ausbildung, Berufserfahrung, Weiterbildung, professionelles Foto, Mobilität, Stellentitel (Job, auf den er sich beworben hat), Firmenbranche (in was für einer Branche hat er bisher gearbeitet), chronologisch geordneter Lebenslauf, wenige Wechsel im Lebenslauf (Wechselmotive), hervorragende Arbeits-, Ausbildungszeugnisse, Diplome, Zertifikate, Fähigkeiten/Kenntnisse, Sprachen, IT-Kenntnisse

Wenn ich von diesem Bewerber generell überzeugt bin und seine Fähigkeiten mit dem Kundenauftrag abgeglichen habe, rufe ich ihn an.

Was mich besonders interessiert, ist der Grund, warum er die Stelle wechseln möchte oder gekündigt hat oder seine Stelle verloren hat. In der Regel teile ich ihm danach mit, um welche Firma es sich handelt, und erfahre dann, ob er sich bei der Firma XY selbst beworben hat oder nicht.

Wenn er sich nicht selbst beworben hat, frage ich ihn nach seiner Gehaltsvorstellung und Verfügbarkeit; das ist sehr wichtig für mich. Wenn dies passt, frage ich, ob er andere Vorstellungsgespräche/Probetage hat und wann und wo diese stattfinden. Wenn er schon Zweitgespräche hat, wäge ich ab, ob ich ihn einlade oder nicht, weil es sein kann, dass er einen Arbeitsvertrag erhält und ich mir umsonst Zeit genommen habe, in der ich einen anderen Bewerber hätte einladen können. Je nach Gefühl lade ich ihn so schnell wie möglich ein und versende sein CV an den Kunden. Ich füge dabei hinzu, dass der Kandidat schon Gespräche hat und sehr begehrt ist. Ich rate der Firma, meinen Kandidaten noch in derselben Woche einzuladen, damit er mehr Auswahlmöglichkeiten hat und die Chance bekommt, noch eine weitere Option auszuschöpfen. So kann der Kunde diesen Bewerber kennenlernen.

Nachdem ich mit dem Bewerber telefonischen Kontakt hatte, schicke ich ihm per E-Mail einen Fragebogen zu seiner Person als Word-Datei und die Original-Stellenbeschreibung.

Sehr geehrte/r Frau/Herr [Mustername],

besten Dank für das freundliche Gespräch von [Mustertageszeit].

Anbei finden Sie den personalisierten Fragebogen, welchen Sie bitte so gut wie möglich ausfüllen und an mich per E-Mail retournieren.

Idealerweise erhalten wir von Ihnen ein ausgefülltes Word-Dokument; so können wir Ihre Daten schnell und flexibel bearbeiten und später auch unkompliziert wieder löschen.

Als Anlage finden Sie die Original-Stellenbeschreibung unseres Kunden, der Firma Mustermann, Musterhausen.

Bei Interesse werde ich Ihr Dossier gern bei der Firma ... vorschlagen.

Begründen Sie bitte, was Sie an der Stelle/Firma interessiert und welche Berufserfahrung Sie für diese Position mitbringen. (Bitte gehen Sie direkt auf die Aufzählungspunkte der Stellenbeschreibung ein.)

Nach Erhalt des Fragebogens werde ich Ihr Dossier gerne bei unserem Kunden einreichen. Und bevor Sie ein Vorstellungsgespräch haben, möchte ich Sie natürlich gerne persönlich kennenlernen.

Sobald ich ein Feedback von der Firma ... erhalten habe, komme ich direkt auf Sie zu.

Besten Dank im Voraus für Ihre Rückmeldung.

Freundliche Grüsse

[Signatur + persönliches Foto]

Oder

Sehr geehrte/r Frau/Herr [Mustername],

besten Dank für das freundliche Gespräch von [Mustertageszeit].

Anbei finden Sie den personalisierten Fragebogen, welchen Sie bitte so gut wie möglich ausfüllen und an mich per E-Mail retournieren.

Idealerweise erhalten wir von Ihnen ein ausgefülltes Word-Dokument; so können wir Ihre Daten schnell und flexibel bearbeiten und später auch unkompliziert wieder löschen.

Gerne werde ich zum Gespräch einige Stellen für Sie bereithalten.

Ich freue mich, Sie am Donnerstag, den 02.12.2015, um 11.00 Uhr bei uns im Büro begrüssen zu dürfen.

Besten Dank im Voraus für Ihre Rückmeldung und einen schönen ...

Freundliche Grüsse

[Signatur + persönliches Foto]

Oder

Sehr geehrte/r Frau/Herr [Mustername],

besten Dank für das freundliche Gespräch von eben.

Gerne bestätige ich Ihnen den Interviewtermin bei uns wie folgt:

Wann: Mittwoch, 20.11.2013, um 14.00 Uhr

Wo: Musterhaus, Musterstrasse 100, 8000 Musterhausen

Anbei finden Sie unseren personalisierten Fragebogen, welchen Sie bitte so gut wie möglich ausfüllen und an mich retournieren.

Idealerweise erhalten wir von Ihnen ein ausgefülltes Word-Dokument; so können wir Ihre Daten schnell und flexibel bearbeiten und später auch unkompliziert wieder löschen.

Bitte senden Sie uns den Fragebogen bis spätestens einen Tag vor dem Gesprächstermin zurück.

Sollten Sie noch Fragen haben, können Sie mich gerne kontaktieren.

Ich freue mich sehr, Sie bald persönlich kennenzulernen, und wünsche Ihnen noch einen schönen Tag.

Freundliche Grüsse

[Signatur + persönliches Foto]

Wenn ich die Unterlagen ausgefüllt zurückerhalten habe, kann ich noch einige Informationen mit in die Bewerbung an die Firma einfliessen lassen. Oft füge ich auch seine Stellungnahme zur Stellenbeschreibung, was ihm an der Firma gefällt und interessiert, hinzu.

Wenn der Bewerber sich noch nirgends beworben hat, lade ich ihn sofort zu einem Vorstellungsgespräch ein.

Falls ich am Telefon nicht vom Bewerber überzeugt bin, sage ich per Post oder E-Mail ab (siehe Beispiele für Absagen am Ende des Praxishandbuchs).

Schritt 3: Umgang mit Spontanbewerbungen

Es gibt nicht nur Bewerber, die sich auf eine ausgeschriebene Stelle bewerben, sondern auch solche, die eine Spontanbewerbung senden. Die Vorgehensweise, die ich für solche Fälle entwickelt habe, findest du im Folgenden beschrieben.

So bearbeite ich Spontanbewerbungen:

Auch bei Spontanbewerbungen sende ich den Bewerbern eine Eingangsbestätigung. Ich prüfe, ob die Bewerbungsunterlagen in meine Berufssparte fallen; wenn nicht, dann gebe ich die Unterlagen an meine Kollegen weiter, die für dieses Gebiet und Profil zuständig sind, oder, wenn es gar nicht passt, sage ich ab (per Post oder E-Mail; Beispiele am Ende des Praxishandbuchs).

Einmal hat sich jemand bei mir spontan beworben, den ich sofort eingeladen und nach einer Woche vermittelt habe, also sind es nicht immer schlechte Bewerbungen, deshalb schau dir diese Profile auch immer an. Wenn die Bewerbungsunterlagen doch auf eine Stelle von mir passen, prüfe ich ähnliche Punkte wie bei einer ausgeschriebenen Stelle:

Alter, Nationalität (Aufenthaltsbewilligung, wenn kein Staatsbürger), Wohnort, Arbeitsort, Ausbildung, Berufserfahrung, Weiterbildung, professionelles Foto, Mobilität, Stellentitel (Job, auf den er sich beworben hat), Firmenbranche (in was für einer Branche er bisher gearbeitet hat), chronologisch geordneter Lebenslauf, wenige Wechsel im Lebenslauf (Wechselmotiv), gute Arbeits-, Ausbildungszeugnisse, Diplome, Zertifikate, besondere Fähigkeiten/Kenntnisse, Sprachen, IT-Kenntnisse

Schritt 4: Das telefonische Erstgespräch

Ist der Bewerber interessant für meinen Kandidatenpool, sieht der nächste Schritt so aus, dass ich ihn anrufe, um mit ihm ein erstes Gespräch zu führen.

Telefongespräch mit dem Bewerber

Guten Tag, Herr Mustermann!

Besten Dank für Ihre Bewerbungsunterlagen. Ich finde Ihre Bewerbung sehr interessant.

Gerne möchte ich Ihnen zu Ihrem Profil einige Fragen stellen. Passt es Ihnen gerade?

- Ja.

Was genau ist der Grund für Ihren Jobwechsel oder was ist der Kündigungsgrund Ihrerseits oder Ihres Arbeitgebers?

Hatten Sie schon ein paar Vorstellungstermine/Probetage? Wann? Wo?

Nun, Sie haben sich spontan bei uns beworben. Hierzu brauche ich noch ein paar Informationen von Ihnen.

Was für eine Stelle suchen Sie?

Was möchten Sie verdienen?

Ab wann sind Sie verfügbar?

Kommt ein Umzug infrage?

Haben Sie sich auch schon bei Kollegen von mir beworben?

In welcher Region suchen Sie eine Anstellung? (Je nach Region Dossier an Kollegen weiterleiten.)

Um mehr Informationen von Ihnen zu erhalten, werde ich Ihnen vorab per E-Mail unseren personalisierten Fragebogen zusenden und bitte Sie, diesen auszufüllen und an mich per E-Mail zu retournieren. Sobald ich den Fragebogen erhalten habe, werde ich Ihr Dossier gerne an die Firma Mustermann senden.

Gerne möchte ich Sie persönlich kennenlernen, wie passt es Ihnen am ... um ...?

Ich freue mich, Sie am ... um ... persönlich kennenzulernen, hierzu sende ich Ihnen eine Terminbestätigung per E-Mail und den personalisierten Fragebogen.

[Verabschiedung]

Ich kläre also ab, ob er sich schon in einer anderen Filiale bei uns beworben hat, was für eine Stelle er sucht, in welchem Bereich er tätig sein möchte, in welcher Region er eine Stelle sucht und ob ein Umzug infrage kommt. Hat er sich schon bei anderen Firmen beworben? Wenn ja, wo genau und wie viele Erst- und Zweitgespräche bzw. Probetage sind am Laufen? Ab wann ist er verfügbar, wie lang ist seine Kündigungsfrist? Dazu finde ich heraus, was er im Moment verdient oder sich als Gehalt vorstellt.

Wenn ich ihm mitteile, um welche Firma es sich handelt, und er sich dort noch nicht beworben hat und interessiert ist, sende ich seine Bewerbungsunterlagen an die Firma. In der Regel lade ich jeden Bewerber, der meiner Meinung nach auf die Stelle passt oder den ich generell vermitteln kann, vorher zu einem persönlichen Gespräch vor Ort ein. Ich möchte ja, dass der Bewerber sich bei mir wohlfühlt und ich seine Erwartungen erfüllen kann, um für ihn kompetent die richtige Stelle zu finden. Deshalb ist mir der persönliche Eindruck sehr wichtig. Den kann ich dann der Firma vermitteln.

Vorabklärung mit dem Bewerber

Bevor der Bewerber jedoch zu mir zum Interview kommt, schicke ich ihm eine E-Mail mit folgendem Inhalt:

- personalisierter Fragebogen
- Stellenbeschreibung
- Terminbestätigung (Beispiele am Ende des Praxishandbuchs)

Im ausgefüllten personalisierten Fragebogen sind alle wichtigen Informationen über meinen Bewerber enthalten, wie du am folgenden Beispiel siehst.

Mit diesen Grundinformationen kann ich meinen Bewerber vollumfänglich betreuen und ihn auf der Suche nach einer passenden Stelle unterstützen.

Den Fragebogen erhalte ich vor unserem persönlichen Treffen vom Bewerber ausgefüllt zurück. Mit diesen Informationen erstelle ich, wenn es von Seiten des Kunden schnell gehen muss, die Kundenunterlagen, die ich mit dem Einverständnis des Bewerbers an die Firma schicke – spätestens nach dem persönlichen Gespräch.

Nachdem ich den Bewerber im Interview kennengelernt habe, sende ich die Kundenunterlagen an den Kunden. Ich halte dabei auf der ersten Seite meinen persönlichen Eindruck fest, damit der Kunde sich auf den ersten Blick ein Bild vom Bewerber machen kann.

Hier der personalisierte Fragebogen zur Ansicht:

Personalisierter Fragebogen (Beispiel)

Name, Vorname:

Wohnort:

Geburtsdatum:

Staatsangehörigkeit/Bewilligung:

Führerschein/Fahrzeug vorhanden:

Welche Positionen kommen für Sie infrage?
(langfristig/kurzfristig)

Welche Positionen kommen für Sie nicht infrage?
(langfristig/kurzfristig)

Berufserfahrung, Fähigkeiten, Kompetenzen:

Was machen Sie beruflich gerne?

Festanstellung/Temporär gewünschter Beschäftigungsgrad (%):

Lohnvorstellung/Letzter Monatslohn:
Verfügbarkeit/Kündigungsfrist:
Einsatzregionen (kommt ein Umzug infrage?):
Sprachkenntnisse:
Sind Weiterbildungen vorgesehen?

Beschreibung Ihrer fachlichen/persönlichen ***Stärken****:*

Beschreibung Ihrer fachlichen/persönlichen ***Schwächen****:*

*Wo haben Sie sich im letzten **halben Jahr** beworben (Firmen, Stellenvermittler)?*
*Welche Betriebe kommen **nicht** infrage?*
*Nennen Sie uns Ihre **Wechselmotivation**:*
*(**Kündigungsgrund**) von den letzten drei Stellen?*

Schritt 5: Interview mit dem Bewerber vorbereiten

Um gut für das Gespräch vorbereitet zu sein, kommen wir nun zum nächsten Schritt:

Interview mit dem Bewerber vorbereiten

Hier gehe ich wie folgt vor:

Am gleichen Tag oder circa dreissig Minuten vor dem Gespräch bereite ich mich vor und lese den ausgefüllten Fragebogen durch, damit ich gut auf das Interview eingestellt bin.

Ich suche in der Regel am Tag des Telefonats oder am Interviewtag in geläufigen Internetplattformen nach passenden

Stellen für den Bewerber, die seinem Profil entsprechen, und gleiche diese ebenfalls mit meinen Kundenaufträgen ab sowie mit den Kundenaufträgen meiner Kollegen (Letzteres natürlich nur, wenn er in der Region meiner Kollegen eine Stelle sucht).

Dadurch, dass ich die Liste seiner Bewerbungen erhalten habe, kann ich hier schon einmal effizienter nach einer passenden Stelle für meinen Bewerber suchen. Vor oder nach dem Interview schreibe oder telefoniere ich mit meinen Kollegen und bitte sie um Unterstützung mit passenden Stellenvorschlägen.

Diese nehme ich dann mit zum Interview oder ich sende dem Bewerber schon vor unserem Gespräch oder danach einige Stellen per E-Mail zu.

Stellenvorschlag

Sehr geehrte/r Frau/Herr [Mustername],

für unseren Kunden, die Firma XY, suchen wir einen Mechaniker. Anbei sende ich Ihnen eine Stelle, die für Sie von Interesse sein könnte. Bei Interesse werde ich Ihre Bewerbungsunterlagen gerne unserem Kunden, der ..., vorschlagen.

Begründen Sie bitte, was Sie an der Stelle/Firma interessiert und welche Berufserfahrung Sie für diese Position mitbringen. (Bitte gehen Sie direkt auf die Aufzählungspunkte der Stellenbeschreibung ein.)

Falls Sie nicht interessiert sind, danke ich ebenfalls für ein Feedback mit Begründung.

Besten Dank für Ihre Rückmeldung.

Freundliche Grüsse
[Signatur + persönliches Foto]

Ich kontrolliere, ob alle Unterlagen vollständig sind.

Das persönliche Interview mit dem Bewerber

Ich begrüsse ihn mit einem festen Händedruck und teste, wie seiner ist (am liebsten fest). Daraufhin gebe ich ihm meine Visitenkarte. Zur Auflockerung frage ich, ob er den Weg gut gefunden hat und wie es ihm geht (Small Talk). Bevor wir richtig loslegen, lasse ich ihn die Einwilligungserklärung (hat in der Regel jeder Personaldienstleister) unterzeichnen. Damit bin ich auf der sicheren Seite und habe bestätigt, dass ich seine Bewerbungsunterlagen an die Firmen, die wir besprechen, weiterleiten und eventuell Referenzen prüfen darf.

Ich lasse den Bewerber von sich aus über seinen Werdegang erzählen und höre ihm gespannt dabei zu. Danach stelle ich ihm ein paar Fragen, z. B.:

- Was mögen Sie am meisten an Ihrem Beruf?

- Was sind die drei wichtigsten Erwartungen an jemanden in dieser Position?

- Welches sind die wichtigsten Fähigkeiten, die jemand haben muss, um innerhalb Ihres Unternehmens erfolgreich zu sein?

- Was war ihr grösstes Erfolgserlebnis?

- Wie sieht Ihre Traumstelle aus?

Nun schliesse ich diesen Teil ab.

Wenn mir an seinem Dossier etwas Negatives auffällt, seien es Rechtschreibfehler, nicht geordnete Zeugnisse oder nicht chronologisch geordnete Unterlagen, weise ich ihn darauf hin. Im Gespräch gehen wir gemeinsam nochmals den Lebenslauf und den Fragebogen durch und ich frage ihn nach seinen genauen Gehaltsvorstellungen.

Meine Vorbereitung auf das Bewerberinterview im Büro (Vorlage)

Kandidat .... Datum ....

Halte die Inserate des Kunden bereit, um diese zu besprechen, und frage jeden Aufzählungspunkt ab. Gehe den personalisierten Fragebogen mit dem Kandidaten durch und stelle z. B. folgende ergänzende Fragen:

- *Hat sich an Ihrem Gehaltswunsch etwas geändert?*

- *Welches Arbeitspensum stellen Sie sich vor?*

- *Arbeitsweg?*

- *Wie werden Sie sich auf das Vorstellungsgespräch vorbereiten?*

- *Haben Sie sich den genauen Fahrplan angeschaut?*

- *Was werden Sie zum Gespräch mitnehmen/ anziehen?*

Wir gehen im Gespräch direkt auf die Punkte des Stelleninserats ein, was ihn an der Stelle/Firma gefällt/interessiert und welche Berufserfahrung er mitbringt (ich lasse es direkt vom Bewerber mit einem Stift abhaken).

Wenn er sich noch nicht oder wenig beworben hat, vereinbare ich mit ihm, dass ich zwei Wochen für ihn unsere Kunden kontaktiere, und er braucht sich nicht zu bewerben. Das schafft ebenfalls Vertrauen – so kann ich ihn an vielen Orten vorschlagen und muss ihn nicht immer vorher fragen, ob es ihm passt, weil ich ja nach dem Gespräch seine Bedürfnisse kenne. Es ist zur Vorabklärung gut zu wissen, was er sucht und in welche Branche/Firma er nicht mehr will.

Wenn er an meinen Stellenvorschlägen interessiert ist, sage ich ihm, dass ich sein Dossier an die Firma XY versende. Ich teile ihm mit, dass ich ihn, sobald ich ein Feedback der Firma habe, telefonisch oder per E-Mail kontaktieren werde, um ihm einen positiven oder negativen Bescheid zu geben. Ich merke dabei an, dass es sein kann, dass die Firma ihn direkt kontaktiert.

In der Regel mache ich mit ihm einen fixen Folgetermin aus, an dem er mich kontaktieren soll, um den Bewerbungsstand zu besprechen. Falls nicht, trage ich die Informationen mit einer Erinnerungsfunktion in das firmeninterne Datenbanksystem oder in Outlook ein – so kann ich die Aktivität nicht vergessen.

Ich teile ihm mit, dass ich, wenn er möchte, seine Bewerbungsunterlagen an meine Kollegen aus anderen Filialen schicke. Die Kollegen kommen auf ihn zu, falls sie passende Stellen haben. Falls er kontaktiert wird und antwortet, beauftrage ich ihn, mich in der E-Mail ins CC zu nehmen, damit ich auf dem Laufenden bleibe.

Wenn er einverstanden ist und auch in anderen Regionen sucht, leite ich seine Bewerbungsunterlagen an meine dortigen Kollegen weiter und frage, ob sie eine passende Stelle für ihn haben.

Ebenfalls frage ich den Bewerber, ob ich sein Profil anonymisiert in einen Newsletter an meine Kunden aufnehmen darf. Darin sind Berufstitel, Alter, Verfügbarkeit, Ausbildung, Berufserfahrung und spezielle Fähigkeiten enthalten sowie die Angabe, wo er arbeiten möchte. Ich lasse mir dies per Unterschrift bestätigen.

Nach dem Gespräch gebe ich ihm Informationen für das Vorstellungsgespräch beim Kunden mit, damit er sich gut vorbereiten kann, wenn es zu einem Gespräch kommt.

Ich habe dir einen Leitfaden «Wie spreche ich als Kandidat mit dem Kunden und was für Fragen könnte der Kunde mir stellen?» vorbereitet.

Du findest ihn beim Bonusmaterial unter www.bettinalukic. com/bonus gratis zum Download.

Hinweis für Bewerber zur Vorbereitung für das Gespräch bei der Firma

Hier empfehle ich dir, was ich meinen Bewerbern auf dem Weg zum Vorstellungsgespräch mitgebe:

- Planen Sie Zeit ein, um pünktlich zum Gespräch zu erscheinen.

- Begrüssen Sie Ihren Ansprechpartner mit einem Lächeln und einem festen Händedruck.

- Machen Sie sich auf der Internetseite über die Firma (Produkte, Dienstleistungen) schlau.

- Nehmen Sie Ihre Bewerbungsunterlagen mit Inserat zum Gespräch mit.

- Notizblock und Stift nicht vergessen.

- Drei bis fünf Fragen aufschreiben/stellen und nebenbei Notizen machen.

- Antworten Sie aussagekräftig.

- Halten Sie abwechselnd Blickkontakt mit allen Beteiligten.

- Tragen Sie angemessene Kleidung, also je nach Profil z. B. im kaufmännischen Bereich eher Business Casual. Im technischen Bereich gehen auch Jeans und ein Hemd oder ein gepflegtes T-Shirt.

- Seien Sie für technische oder sprachliche Tests gewappnet.

- Sitzen Sie gerade, mit leichter Vorwärtsbeugung, und halten Sie die Hände auf dem Tisch.

- Murmeln Sie nicht, sprechen Sie in stetigem Rhythmus und passen Sie den Ton Ihrer Stimme an Ihr Gegenüber an.

- Unterbrechen Sie Ihr Gegenüber nicht, sondern hören Sie ihm aufmerksam zu.

Stelle sicher, dass sich dein Bewerber über Folgendes im Klaren ist:

- Wieso ist er an der Position und Unternehmung interessiert?

- Welchen Wert gibt ihm die Firma, wie kann er sich verwirklichen?

- dass er die Stelle annehmen kann und will

- dass er sich für das Gespräch bedankt und sein Interesse bekundet (der erste Eindruck zählt)

- dass er dich nach dem Gespräch anruft und dir Feedback gibt

Was deine Bewerber vermeiden sollten:

- sich unvorteilhaft zu präsentieren, z. B. Kaugummi kauen, im Stuhl hängen

- sich negativ über den alten Arbeitgeber zu äussern

- sich negativ über das Produkt/die Dienstleistung des Kunden zu äussern

- sich anmassend und/oder eingebildet zu benehmen

- sich desinteressiert zu zeigen

- keinen Augenkontakt zu halten

- sich zu wenig auf das Vorstellungsgespräch vorzubereiten

- mit Ja- und Nein-Antworten zu reagieren

So, jetzt kennst du den Prozess, wie ich mit meinen Bewerbern umgehe. Um den Bewerber vermitteln zu können, sende ich als nächsten Schritt seine Bewerbungsunterlagen an meine Kunden.

Ich teile dem Bewerber mit, dass ich, wenn er mit mir zufrieden ist, mich freuen würde, wenn er mich weiterempfiehlt.

Nun frage ich den Bewerber, ob ich seine letzten zwei bis drei Arbeitgeber zwecks einer Referenzauskunft kontaktieren darf. Wenn ja, lasse ich mir die Kontaktpersonen geben und rufe sie im Anschluss an.

Hier die wesentlichen Fragen, die ich in diesen Unterhaltungen kläre:

Referenz einholen

Ich kontaktiere den Referenzgeber per Telefon und stelle ihm folgende Fragen über meinen Bewerber:

- *Waren Sie sein Vorgesetzter?*
- *Aufgabengebiet?*
- *Wie war seine Arbeitsqualität?*
- *Wie war seine Leistung/Motivation?*
- *War er zuverlässig?*
- *Was sind seine fachlichen/persönlichen Stärken?*
- *Was sind seine fachlichen/persönlichen Schwächen?*
- *Zeigte er Eigeninitiative?*
- *War er flexibel und belastbar?*
- *Wie ist seine Persönlichkeit?*
- *Was war der genaue Trennungsgrund?*
- *Würden Sie ihn wieder einstellen?*

Wenn es ein nettes Gespräch war, dann frage ich meinen Gesprächspartner vor der Verabschiedung, ob er im Moment noch Personal sucht und, wenn ja, für welches Berufsprofil und ob wir ihn bei der Suche unterstützen können.

Zum Schluss des Gesprächs frage ich meinen Bewerber, ob er mit allem einverstanden ist, ob er noch Fragen hat und was er von mir erwartet.

Ich sage ihm, dass ich mich freue, telefonisch oder per E-Mail mit ihm in Kontakt zu bleiben, und dass er mit Fragen gern auf mich zukommen kann.

Dann vereinbare ich mit ihm einen Zeitpunkt für ein Folgetelefonat, damit wir uns auf dem Laufenden halten können.

Wenn er sonst keine Fragen hat, verabschiede ich mich und wünsche ihm eine gute Zeit.

Bewerber betreuen

In der Regel kontaktiere ich meine Bewerber wöchentlich und fordere sie auf, mich bei Neuigkeiten auf dem Laufenden zu halten (per E-Mail oder Telefon).

Wenn der Bewerber eine ausgeschriebene Stelle meiner Kollegen entdeckt und mir das mitteilt, lasse ich ihn wissen, dass er mir alle Referenznummern senden kann und ich sie direkt an meine Kollegen weiterleite. So hat er nur mich als Ansprechpartner und es gibt kein Durcheinander.

Wichtig: Ich mache ihm ebenfalls klar, dass, wenn er sich bei einer Firma direkt bewirbt, wir als Personalberater keine Chance haben, ihn dort nochmals zu bewerben. Deshalb ist es sehr wichtig, abzuklären, wo er schon offene Bewerbungen hat!

Am besten gibst du ihm einen Merkzettel mit, damit er nicht auf die Idee kommt, sich über einen anderen Vermittler auf die gleiche Stelle oder Firma zu bewerben. Das ist unangenehm für uns dem Kunden gegenüber und natürlich schlecht für ihn – wir haben seine Bewerbungen so nicht im Griff.

Je nachdem, wie der Bewerber sich im Interview bei mir gibt, kann es sein, dass ich ihn auf bestimmte Dinge aufmerksam mache, die er bei der Firma im Gespräch nicht vorbringen sollte. Ebenfalls frage ich ihn, wie er sich auf das Gespräch vorbereitet hat oder vorbereiten wird, was er von der Firma/Stelle weiss und was er zum Gespräch mitnimmt. So unterstütze ich ihn, sich optimal vorzubereiten.

Wenn mein Bewerber ein Vorstellungsgespräch bei der Firma hat, werde ich ihm dies am Telefon mitteilen und per E-Mail noch bestätigen.

Terminbestätigung zum Vorstellungsgespräch beim Kunden (Vorlage)

Sehr geehrte/r Frau/Herr [Mustername],

hiermit bestätige ich Ihnen den Vorstellungstermin wie folgt:

Wann: 20.10.2020 um 08.00 Uhr

Wo: Firma XY, Musterstrasse 100, 8000 Musterhausen

Gesprächspartner: Frau Musterfrau, HR, und Herr Mustermann, Leiter Technik

<u>Bitte nehmen Sie zum Gespräch folgende Unterlagen mit:</u>

- Ihre kompletten Bewerbungsunterlagen
- Stellenbeschreibung
- Block und Stift

Bitte informieren Sie sich vorher über das Unternehmen und schreiben Sie einige Fragen auf, was Sie an der Stelle und der Firma interessiert.

Zum Lohn (damit wir beide dasselbe sagen): Ich habe Sie bei unserem Kunden mit Fr. 7'800x13 vorgeschlagen.

Ich wünsche Ihnen viel Glück beim Gespräch und drücke Ihnen die Daumen.

Freue mich auf Ihr Feedback nach dem Gespräch.

Freundliche Grüsse

[Signatur]

Ich bitte meine Bewerber, mir nach dem Vorstellungsgespräch eine Rückmeldung zu geben, wie es gelaufen ist, ob es ihnen gefallen hat und wie sie verblieben sind. Dann gebe ich den Eindruck meinem Kunden weiter und frage den Kunden, was für einen Eindruck er vom Kandidaten hatte.

Der Bewerber und ich bleiben in ständigem Austausch, bis er über mich eine Stelle gefunden hat.

Übung

> Überlege dir einige Punkte, die du dem Bewerber aus deinem Erfahrungsschatz mitgeben kannst, damit er im Vorstellungsgespräch bei der ausgesuchten Firma punktet.

Bewerbungsunterlagen an den Kunden schicken

Bevor ich die Unterlagen meines Bewerbers verschicke, prüfe ich sie noch einmal auf folgende Punkte:

Alter, Wohnort, Arbeitsort, Ausbildung, Berufserfahrung, Weiterbildung, Stellentitel, Firmenbranche, chronologisch geordneter Lebenslauf, wenige Wechsel im Lebenslauf, besondere Fähigkeiten, Kenntnisse, Sprachen (wenn nötig), IT-Kenntnisse, gute Arbeits-, Ausbildungszeugnisse vorhanden, Diplome, Zertifikate, professionelles Foto, Mobilität

Bevor ich die originalen Bewerbungsunterlagen versende, habe ich ein Vorinformationsblatt für die Firma vorbereitet, auf dem ich in Kürze alles Wesentliche über den Bewerber zusammengefasst habe. So vermittle ich dem Kunden schon einen ersten Eindruck über den Bewerber.

- In dieser Vorinformation findet die Firma: Vorname und Nachname des Bewerbers
- Geburtsdatum oder Altersangabe
- Wohnort
- Berufserfahrung (auch spezifisch für die Stelle)
- Berufsausbildung und Weiterbildung
- Sprachkenntnisse (wenn für die Stelle nötig)
- besondere Fähigkeiten/Kenntnisse
- Mobilität (wenn für die Stelle nötig)
- Gehaltsvorstellungen
- Verfügbarkeit
- Wechselmotivation in ein paar Sätzen
- mein persönlicher Eindruck in ein paar Sätzen

Das Vorinformationsblatt hänge ich dann mit obigen Informationen mit einem PDF-Bearbeitungsprogramm (z. B. PDF-Creator) vor seinen Bewerbungsunterlagen an und versende es per E-Mail an die Firma.

Vorinformationsblatt (Vorlage)

Bewerbervorschlag Frau Maxi Musterhaus an die Firma ... (Kunde)

Name: Maxi Musterhaus   (Foto)
Geburtsdatum:
Wohnort:
Verfügbarkeit:
Gehaltswunsch:
Mobilität:

Berufserfahrung, besondere Kenntnisse/Sprachen
-
-
-
-

-

Berufsausbildung/Weiterbildung
-

-

-

Wechselmotiv

Mein persönlicher Eindruck
...

E-Mail-CV des Bewerbers an den Kunden

Betreff: Bewerbervorschlag für die Stelle als Mechaniker, Max Mustermann

Guten Tag, Frau Mustermann,

gerne sende ich Ihnen die Bewerbungsunterlagen von Herrn Mustermann zur Ansicht.

Er ist sehr interessiert an der Stelle als Mechaniker und freut sich schon auf ein Vorstellungsgespräch bei Ihnen.

<u>*Was er für die Stelle mitbringt, ihn an der Stelle interessiert:*</u>

Z. B. fünf Jahre Berufserfahrung als ...
-
-

Ich bin mir sicher, dass sich ein Gespräch mit ihm lohnt.

Könnte Herr Mustermann ein interessanter Mitarbeiter für Sie sein? Bei Interesse vereinbare ich gern einen Termin mit ihm.

Für weitere Fragen stehe ich Ihnen jederzeit zur Verfügung.

Gespannt erwarte ich Ihre positive Rückmeldung und wünsche Ihnen einen schönen Tag.

Freundliche Grüsse

[Signatur + persönliches Foto]

Wichtig ist, als Anlage die gültigen AGBs der Personalvermittlungsfirma beizufügen!

Nach Versand der Kundenunterlagen nehme ich zur Nachverfolgung der Versendung seine Bewerbungsunterlagen zur Hand und hefte das Kandidateninfoblatt an. Darauf stehen der Name des Bewerbers, sein Beruf und Wohnort, das Datum der verschickten Stellenbeschreibung per E-Mail, das Datum des versandten Dossiers des Bewerbers und der Termin, an dem der Bewerber ein Interview bei der Firma hat.

Du kannst das Kandidateninfoblatt in Word erstellen und in einem Ordner speichern oder handschriftlich anlegen. Ich bevorzuge handschriftlich, so kann ich auch bestimmte Sachen ausstreichen, wenn er z. B. kein Interesse an der Stelle hat. Die Stellenvorschläge, die ich an ihn versende, trage ich ebenfalls im firmeninternen System ein, sodass auch dort ein Überblick herrscht und ich weiss, wo mein Kandidat vorgeschlagen ist.

Kandidateninfoblatt (Vorlage)

Name: Maxi Mustermann
Wohnort: Musterhausen
Geburtsdatum: 14.08.1990
Beruf: Polymechaniker
Referenz geprüft wann?

Stellenvorschlag an Bewerber per E-Mail:
10.07.15 Firma Musterhaus
11.07.15 Firma Musterkatze
11.07.15 Firma Musterhund
14.07.15 Firma Musterhase   kein Interesse

CV versandt an Kunden per E-Mail:
11.07.15 Firma Musterhaus
12.07.15 Firma Musterkatze
13.07.15 Firma Musterhund

Interview 1+2:
15.07.15 Firma Musterhaus
17.07.15 Firma Musterkatze
20.07.15 Firma Musterhund   Absage

Übung

Mache dir Gedanken darüber, wie du die Ablage und Verwaltung der Informationen über die Versendung der Bewerbungsunterlagen für dich selbst handhaben möchtest.

Nach Versand der Bewerbungsunterlagen kommt in der Regel innerhalb kurzer Zeit oder nach Absprache ein Anruf oder eine E-Mail vom Kunden mit der Bitte um ein

Vorstellungsgespräch mit dem Kandidaten. Der nächste Schritt ist die Einladung zum Vorstellungsgespräch beim Kunden.

Vorbereitungs-E-Mail an einen Bewerber (Vorlage)

VIEL GLÜCK BEIM VORSTELLUNGSGESPRÄCH

Sehr geehrte/r Frau/Herr [Mustername],

für das morgige Vorstellungsgespräch bei der Firma XY wünsche ich Ihnen viel Erfolg – ich drücke die Daumen!

Im Anhang finden Sie noch ein paar nützliche Informationen für das Gespräch.

Gerne erwarte ich Ihr anschliessendes Feedback. Mich interessieren dabei folgende Punkte:

Wie ist das Gespräch für Sie verlaufen?

Welchen Eindruck haben Sie von den Personen und der Firma gewonnen?

Ist die Stelle für Sie von Interesse?

Können Sie sich mit der Stelle identifizieren?

Sagt Ihnen die Firmenkultur zu?

Gibt es noch Punkte, die zu klären sind?

Ich freue mich auf Ihre Rückmeldung und wünsche Ihnen einen schönen Tag.

Freundliche Grüsse

[Signatur + persönliches Foto]

Gleichzeitige Vorbereitungs-E-Mail an den Kunden (Vorlage)

Terminbestätigung Vorstellungsgespräch mit Herrn Bewerber XY an Kunde XY

Sehr geehrte/r Frau/Herr [Mustername],

gerne bestätige ich Ihnen den Vorstellungstermin mit Herrn Musterhaus am Montag, den 20.10.2020, um 8.00 Uhr. Herr Musterhaus freut sich, Sie persönlich kennenzulernen.

Ich bin sehr gespannt, was für einen Eindruck Sie von ihm erhalten werden.

Für Fragen stehe ich Ihnen jederzeit gerne zur Verfügung.

Freundliche Grüsse

[Signatur]

Einladung zum Vorstellungsgespräch beim Kunden vor Ort

In der Regel bekomme ich nach Versendung der Kandidatenunterlagen nach ein bis zehn Tagen eine Rückmeldung von der Firma (das hängt von der Dringlichkeit ab). In manchen Fällen kann sich der Rekrutierungsprozess durch Urlaub oder Ähnliches hinziehen.

Bei einer Einladung zum Vorstellungsgespräch ist es je nach Kunde unterschiedlich – entweder werde ich per Telefon kontaktiert oder per E-Mail. Wenn der Kunde ein Vorstellungsgespräch mit meinem Bewerber haben will, gibt es folgende Möglichkeiten:

- Ich hole mir drei Terminvorschläge vom Kunden, die ich dann mit meinem Bewerber bespreche.

- Ich kontaktiere den Bewerber und hole zwei bis drei Terminvorschläge von ihm ein.

- Der Kunde wünscht einen direkten Anruf des Bewerbers.

- Der Kunde kontaktiert den Bewerber direkt, um mit ihm einen Termin zu vereinbaren.

Ich bevorzuge die erste und zweite Variante (das ist der beste Kundenservice).

Sobald die Kommunikationswege geklärt sind, bestätige ich dem Kunden und dem Bewerber den Vorstellungstermin per Telefon und E-Mail mit den Zeiten und Ansprechpersonen.

Von verschiedenen Kollegen habe ich gehört, dass sie die Kandidaten persönlich ins Vorstellungsgespräch bringen und dies mit einem Kundenbesuch verknüpfen. Das kam manchmal gut an, muss aber nicht immer klappen. Du kannst es ausprobieren, wenn du möchtest. Ich habe es noch nicht getestet, weil ich mit dem Prozess, den ich entwickelt habe, sehr zufrieden bin und diese Option nicht als notwendig erachte.

Nach dem ersten Vorstellungsgespräch bei der Firma fasse ich erst bei meinem Bewerber nach und frage, wie es ihm gefallen hat, ob er weiss, wie es weitergeht, und ob er die

Stelle annehmen würde. Ich prüfe, ob sie schon über den Lohn gesprochen haben und wann gegebenenfalls ein zweiter Termin oder Probetag stattfindet, damit ich mir den Termin als Erinnerung in den Kalender eintragen kann.

Danach rufe ich meinen Kunden (Firma) an und frage ihn nach seinem Eindruck, gebe gegebenenfalls den positiven Eindruck des Bewerbers an den Kunden weiter und erkundige mich, wann die Entscheidung gefällt wird bzw. ob es einen zweiten Termin oder Probetag gibt.

Meistens gibt es noch eine zweite Runde, um das Team kennenzulernen und das Gehalt zu fixieren. Dabei wird in der Regel der Arbeitsvertrag unterzeichnet.

Es kann auch einen Probetag geben. In diesem Fall wird der Vertrag meist noch am selben Tag unterzeichnet, manchmal auch erst bei einem dritten Gespräch.

Wenn alles geregelt und der Arbeitsvertrag geschlossen ist, rufe ich den Bewerber an und gratuliere ihm zur Stelle. Ich frage ihn, wann er startet, wie seine Stellenbezeichnung lautet und welches Gehalt er bekommt.

Danach frage ich ihn, ob er mit meiner Arbeit zufrieden ist. In der Regel kommt dann ein Ja; bis jetzt hat sich noch niemand beschwert. Dann teile ich ihm mit, dass ich mich freuen würde, wenn er mir einen Kommentar auf Facebook oder eine Rezension über Xing oder LinkedIn gibt. Die allermeisten machen es.

Sobald ich alle Informationen von meinem Bewerber erhalten habe, rufe ich meinen Kunden, die Firma XY, an und gratuliere zum neuen Mitarbeiter und frage ebenfalls, wann der Kandidat startet, wie der Stellentitel ist und welches Jahresgehalt er bekommt. Ich frage zugleich nach der Rechnungsadresse und teile dem Kunden mit, dass er den

Vermittlungsvertrag von uns in den nächsten Tagen erhält und kurz vor Vertragsbeginn die Rechnung. Ich bedanke mich für die Zusammenarbeit. Im Anschluss bleibe ich monatlich mit dem Kunden in Kontakt, um zu erfahren, wie es mit dem Mitarbeiter geht.

Wichtig: Bei jeder Versendung der Kundenunterlagen schicke ich immer die geschäftseigenen AGBs meines Arbeitgebers mit! So kommt es auch nicht zu Provisionsverhandlungen. Wenn doch einmal ein Kunde die Provision herunterhandeln möchte, bleibe ich bestimmt und sage: «Das sind unsere Bedingungen.» So ist es dem Kunden unangenehm zu versuchen, den Preis zu drücken.

Nach der erfolgreichen Vermittlung sage ich meinen Kollegen Bescheid, dass der Bewerber nicht mehr zur Verfügung steht. Wenn ich das Dossier noch bei anderen Firmen vorgeschlagen habe, ziehe ich die Bewerbung dort zurück. Die Stelle vom Kunden, die ich besetzen konnte, nehme ich von der Website und setze sie in der firmeneigenen Datenbank auf «nicht mehr aktiv». Die ausgedruckten Bewerberunterlagen tue ich in den Aktenvernichter und deaktiviere sie in der Datenbank.

Im folgenden Schritt zeige ich dir, wie ich meinen Bewerber der Firma unseres Kunden per Telefon präsentiere.

Bewerber dem Kunden via Telefon präsentieren

Ich habe für mich festgestellt, dass es sinnvoll ist, einmal in der Woche einen ganzen Tag nur zu telefonieren und aktiv auf Firmen zuzugehen. Manchmal teile ich es auf zwei Halbtage auf. An diesem Tag bzw. diesen Tagen beschäftige ich mich ausschliesslich mit Telefonieren. Ich persönlich habe meistens zwei bis drei Bewerberprofile zur Auswahl, die ich am Abend vorher auswähle. Ich recherchiere über das Internet (z. B. search.ch, Profilmatcher etc.) oder die interne Kundendatenbank nach veröffentlichten Stellen, die zu meinen ausgewählten Bewerberprofilen passen, und rufe bei den Firmen direkt auf die ausgeschriebene Stelle an.

Ich präsentiere meinen Bewerber, indem ich der Firma mitteile, was für eine Berufsausbildung der Kandidat hat und wie viel Berufserfahrung er in Jahren mitbringt. Wichtig ist auch, das Alter zu nennen und meinen persönlichen Eindruck von dem Bewerber mitzuteilen.

In den meisten Fällen darf ich dem Kunden das Bewerberprofil zukommen lassen, wenn er auf Mitarbeitersuche ist oder offen ist, es sich aus Interesse anzusehen.

Wenn er eine Stelle ausgeschrieben hat, frage ich den Kunden zusätzlich, wie viele Bewerbungen er schon erhalten hat, wie weit er mit der Selektierung ist und ob ich ihn hierbei unterstützen darf.

Wenn die Firma noch kein Kunde von mir ist, versuche ich, mit ihr einen unverbindlichen Termin abzumachen, um die Bedürfnisse abzuklären.

Es gab auch durchaus schon Fälle, wo ich angerufen habe, ohne dass eine Stelle ausgeschrieben war, und die Firma mir sagte, dass soeben einer ihrer Mitarbeiter gekündigt hat oder sie vorhaben, einen neuen Mitarbeiter einzustellen. Ich habe diese Gelegenheit ergriffen und meinen Bewerber gleich vermittelt.

Was ich auch sehr oft mache: Ich sehe eine Stelle und finde, dass mein Bewerber sehr gut auf die Stelle passt. Deshalb frage ich bei ihm an, und wenn er interessiert ist, sende ich ganz unverbindlich die zusammengestellten Bewerberunterlagen an die Firma, ohne vorher anzurufen. So habe ich auch schon einige Bewerber vermittelt. Der Kunde kann so nicht gleich am Telefon sagen, dass er nicht interessiert ist.

Wenn noch kein Kontakt mit der Firma besteht, fokussiere ich mich in der Regel auf den Bewerber statt auf ausgeschriebene Stellen. Wenn ich einen super Bewerber habe, dann weiss ich, dass ich ihn vermittle, dabei hilft mir, dass ich mich selbst auf drei Berufsprofile spezialisiert habe.

Telefonbeispiele

Telefonische Vorstellung des Kandidaten bei der Firma auf eine ausgeschriebene Stelle (Gesprächsvorlage)

Guten Tag, Herr Mustermann,

mein Name ist Maxi Mustermann von der Firma Musterhaus in Musterhausen. Ich habe auf Ihrer Homepage gesehen, dass Sie einen Mechaniker suchen. Ist das richtig?

- Ja.

Wie weit sind Sie im Rekrutierungsprozess?

- In der ersten Runde.

In dem Fall nehmen Sie noch sehr gute Profile an, oder?

- Ja.

Super, ich unterstütze im Moment einen gelernten Mechaniker, der auf der Suche nach einer Festanstellung ist (bisschen vom Kandidaten erzählen und dem Kunden zuhören). Darf ich Ihnen das Dossier zukommen lassen?

- Gerne.

Was muss der Kandidat denn mitbringen, was noch wichtig ist und nicht in der Stellenbeschreibung steht?

Gibt es eine Altersgrenze? Nehmen Sie auch frisch ab der Lehre? Wie viele Jahre Berufserfahrung setzen Sie voraus?

Von der Persönlichkeit her, wie sollte er sein, damit er ins Team passt?

Was kann Ihre Firma dem Kandidaten bieten, damit er bei Ihnen arbeiten möchte?

Gerne werde ich Ihnen das Dossier unseres Kandidaten zustellen.

Wann könnte ich circa mit einem Feedback rechnen?

Ich bin sehr gespannt auf Ihre Antwort.

Einen schönen Tag wünsche ich Ihnen.

[Verabschiedung]

Vorstellung Kandidat ohne Stellenausschreibung (Gesprächsvorlage)

Guten Tag Herr Mustermann,

mein Name ist Maxi Mustermann von der Firma Musterhaus in Musterhausen.

Warum ich anrufe: Im Moment unterstütze ich einen gelernten Mechaniker, der auf der Suche nach einer

Festanstellung ist (bisschen vom Kandidaten erzählen und dem Kunden zuhören).

Haben Sie einen Platz frei für einen Top-Fachmann?

- Ja, Sie können das Dossier gerne zusenden.

Super, dann sende ich Ihnen gerne das Dossier zu.

- Nein.

Gibt es zukünftig eine Stelle, die Sie besetzen wollen, oder haben Sie gerade eine offene Stelle?

- Ja, Sie haben Glück, ich suche eine Sekretärin.

Sehr schön. Sind Sie hier offen für Dossiers unsererseits?

- Ja, Sie können sie uns gerne zusenden.

Ich bin sehr gespannt auf Ihre Rückmeldung.

Einen schönen Tag wünsche ich Ihnen.

[Verabschiedung]

Nachdem du gesehen hast, wie ich einen Bewerber am Telefon bei der Firma (Kunde) präsentiere, zeige ich dir im nächsten Schritt, wie ich mit dem Kunden arbeite.

Arbeiten mit dem Kunden

Wie komme ich an Kundenaufträge?

Du musst deine Berufsprofile definiert haben. Um an Kundenaufträge zu kommen, nehme ich mir die Kunden aus unserer internen Datenbank vor oder gehe über ein Jobportal und schaue mir aktuelle Stellen an. Dann rufe ich den potenziellen Kunden an und frage, ob ich ihn unterstützen darf.

Aktive Neukundengewinnung und proaktive Betreuung von Bestandskunden funktionieren für mich so:

Wenn du als Personalberater neu dabei bist, empfehle ich dir, die Bestandskunden persönlich zu besuchen, die für dein Profil von Bedeutung sind. Ich lerne die Firmen kennen und kläre die Bedürfnisse des Kunden direkt ab. Dann schaue ich mir die Bewerbungsliste von meinem Bewerber an sowie sein CV, bei welchen Firmen er tätig war. Vielleicht ist da eine Firma dabei, die noch nicht in der firmeneigenen Datenbank enthalten ist.

Ich recherchiere über das Internet nach meiner Region und schau mir an, welche Unternehmens-Websites für mein Berufsprofil infrage kommen. Dann schaue ich mir die Stellenvorschläge an, die meinem Profil entsprechen, und gleiche diese mit meinen Bewerbern ab.

Wenn du gerade anfängst, dann lass dir am besten von deinem Vorgesetzten eine Liste mit den Kunden geben, die du betreuen darfst, und/oder dir zeigen, wo du in der internen Datenbank die Kunden für dein Berufsprofil findest.

Wenn eine Firma noch keine Kundin ist, funktioniert es mit der Zusammenarbeit am besten, wenn ich einen potenziellen

Bewerber vorab per E-Mail vorschlage – dann ist ein Neukunde eher offen für eine Zusammenarbeit, weil ich nur qualitativ gute und passende Bewerbungsunterlagen versende.

Für die Selektierung benutze ich Internetplattformen, die mir jeden Tag die neuesten Stellen von Firmen aufzeigen.

Daraufhin rufe ich die Firmen aus meiner Region an, die meine Berufsprofile haben, und vereinbare einen Termin, um Kundenvertrauen aufzubauen, mich persönlich vorzustellen und einen guten Eindruck zu hinterlassen, damit sie mit mir zusammenarbeiten. Am besten nehme ich ein sehr gutes Bewerberprofil mit (Bedürfnisanalyse beim Kunden).

Um die Firma professionell unterstützen zu können, möchte ich gerne die Arbeitsplätze besichtigen und einen Eindruck von den Mitarbeitenden erlangen.

Wenn ich Referenzen prüfe, kann ich auch Kunden gewinnen. Ich rufe fokussiert an zwecks einer Referenzauskunft zu einem Bewerber und frage am Schluss, ob im Moment Personalbedarf besteht. So habe ich auch schon einen Auftrag erhalten.

Wenn ich die Bewerbungslisten meiner Bewerber (siehe personalisierter Fragebogen) erhalte, schaue ich mir an, ob eine dieser Firmen auch in meinem Gebiet tätig ist. So kann ich auch hier prüfen, ob ich einen meiner Bewerber dort vermitteln kann, ansonsten gebe ich die Informationen an meine Kollegen weiter.

Wenn ich einen Kunden besuche, möchte ich wissen, was er braucht, wie es ihm im Moment geht und was seine Erwartungen an mich sind, damit ich ihm den bestmöglichen Service bieten kann. Ich möchte ihm beweisen, dass ich die richtige Beraterin für sein Unternehmen bin, weil ich mich spezialisiert habe und er wissen muss, dass ich Top-Bewerber habe, die in sein Unternehmen passen.

Ich stelle meinen Kunden im Gespräch offene Fragen, dann können sie nicht nur mit Ja oder Nein antworten. Natürlich bestätige ich die Aussagen des Kunden immer und fasse nochmals zusammen, was seine Wünsche und Ziele sind, damit er sich bei mir gut aufgehoben fühlt und ich seine Bedürfnisse gut verstehe.

Übung

> Überlege dir vier bis fünf offene Fragen, die du deinen Kunden stellen kannst,
> z. B.:
> - Was erwarten Sie von mir als Berater?
> - Was wünschen Sie sich auf der Persönlichkeitsebene von Ihren Mitarbeitern?

Zusammenarbeit mit dem Kunden

Wichtig ist für mich, wenn ich einen Auftrag von einer Firma erhalte, eine Stelle zu besetzen, dass ich diesen Kunden wöchentlich auf dem Laufenden halte und ihm mitteile, ob ich den geeigneten Bewerber habe oder nicht (Erinnerungsfunktion im Kalender). Bei Einverständnis des Kunden schreibe ich die Vakanz (Stelle) auf unserer Website aus und poste sie in meinen sozialen Medien, um auch hier interessierte Bewerber zu gewinnen.

Was ich vom Kunden brauche, ist die ausführliche Stellenbeschreibung. Was für Fähigkeiten und Soft Skills soll der

Bewerber für die Stelle mitbringen? Was für eine Persönlichkeit soll der Bewerber haben? Wie ist das Team aufgestellt? Wie ist die interne Hierarchie? Gibt es eine Altersgrenze? Wie hoch darf das Gehalt für diese Position sein? Wie viele Stunden muss der Mitarbeiter am Tag anwesend sein? Wann kann der neue Mitarbeiter starten?

Was ist noch wichtig für die Zusammenarbeit?

Mir ist es wichtig, dass beide Seiten sich regelmässige Updates geben. Wenn ich niemanden finde, gebe ich ein ehrliches, klares Feedback an den Kunden. Ich vereinbare und koordiniere Kandidateninterviews und prüfe den potenziellen Mitarbeiter für die Angaben, die ich vom Kunden erhalten habe. Ich prüfe die zwei letzten Referenzen, um ein gutes Bild zu erhalten. Ich kläre alle Punkte der Stellenbeschreibung ab, um zu wissen, dass der Kandidat auch zumindest zu neunzig Prozent passt. Ich sende die passenden vorbereiteten Bewerbungsunterlagen an den Kunden und warte dann auf das Feedback und darauf, dass der Kandidat ein Interview beim Kunden hat und ich für den Bewerber eine Zusage oder im schlechten Fall eine Absage erhalte.

Den Kunden persönlich kennenlernen

Ich nehme die Mappe mit meinen Visitenkarten und einem Block zur Hand, auf dem ich ein paar Fragen notiere, die ich dem Kunden stellen möchte, um die Firma besser kennenzulernen. Ich bereite mich eine Stunde vorher oder am Vorabend vor. Natürlich nehme ich eine Firmenpräsentation mit, um diese am Schluss zu übergeben. Dann drucke ich die Information über den Kunden aus der Datenbank oder dem Internet aus und schaue mir seine Website an. Meistens habe ich circa drei bis fünf Termine am Tag, die ich auch örtlich abstimme, damit die Anfahrtswege nicht unnötig lang werden. Darunter können auch spontane Besuche sein. Vor dem Gespräch beim Kunden richte ich mich auf, um selbstbewusst aufzutreten, denn das bin ich: Kopf hoch, Brust raus und lächeln, und du merkst gleich, dass du bei dem Gesprächspartner einen guten Eindruck hinterlässt.

Bei der Ankunft werde ich in der Regel von der Empfangsmitarbeiterin begrüsst, die mich dann in den Meeting-Raum bringt. Dort begrüsse ich meinen Gesprächspartner mit einem festen Händedruck, stelle mich mit meinem Namen vor und lasse mir einen Platz zuweisen. Ich starte das Gespräch mit ein bisschen Small Talk, um die Atmosphäre zu lockern. Danach zeige ich mein Interesse an der Person meines Kunden und seiner Firma, da ich gerne seine Bedürfnisse, Wünsche und Ziele herausfinden möchte, um ihm eine optimale Lösung zu bieten. Ich frage ihn, was er von mir erwartet, damit ich auf ihn eingehen kann.

Ich stelle ihm einige offene Fragen, um sein Vertrauen zu gewinnen:

- Auf welchen Bereich in Ihrem Unternehmen setzen Sie Ihren Fokus?

- In welchen Ländern sind Sie tätig?

- Wo genau sind Sie im Markt positioniert?

- Wer sind Ihre Mitbewerber?

- Welche Berufsprofile beschäftigen Sie?

- Wie hoch ist die Mitarbeiterfluktuation?

- Was für Sozialleistungen/Benefits gibt es für Ihre Mitarbeiter?

- Was macht das Unternehmen attraktiv für potenzielle Arbeitnehmer?

- Wie sind die Arbeitszeiten bei Ihnen geregelt?

- Wie ist die Unternehmenskultur?

- Was ist Ihnen wichtig beim Rekrutierungsprozess?

- Wie rekrutieren Sie? Welche Stellen sind eventuell ausgeschrieben?

- Wie wichtig ist Ihnen ein konstanter Lebenslauf?

- Was genau muss der neue Mitarbeiter mitbringen?

- Wie gross ist das Team?

- Wie ist der Altersdurchschnitt/welche Nationalitäten sind vertreten?

- Wie gehen Sie bei der Einarbeitung eines Mitarbeiters vor und wie lange dauert der Prozess?

- Welche Charaktereigenschaften sollte der Kandidat mitbringen, damit er ins Team passt?

- Sind moderne Arbeitsformen möglich (Jobsharing, Home-Office)?

- Wie viele Bewerberprofile wünschen Sie?

- Wie weit darf der Mitarbeiter entfernt wohnen?

- Gibt es noch andere Entscheidungsträger ausser Ihnen?

- Arbeiten Sie auch mit anderen Personaldienstleistern zusammen? Mit welchen?

- Wie genau stellen Sie sich eine Zusammenarbeit mit uns vor?

- Was erwarten Sie von mir?

Die Fragen bekomme ich immer von dem Kunden beantwortet, weil er merkt, dass ich mich für ihn interessiere und viel über die Firma wissen möchte, damit ich den richtigen Mitarbeiter liefern kann. Ich bekam auch schon die Rückmeldung, dass noch nie jemand so interessiert gefragt hat wie ich, was meinen Gesprächspartner beeindruckte.

Ich frage den Kunden schon vor Gesprächsbeginn oder im Rahmen des Termins selbst, ob er noch Zeit hätte, mir die Firma zu zeigen. Im besten Fall geht der Kunde mit mir durch die Firma. Dabei erhalte ich natürlich einen noch besseren Eindruck, wie die Atmosphäre ist, wie die Leute arbeiten und welche Maschinen oder Produkte wie und wo hergestellt werden, damit ich meinen Bewerbern einen besseren Eindruck von der Firma vermitteln kann.

Nach dem Besuch sende ich dem Kunden eine Dankes-E-Mail:

Betreff: Besuch vom 12.12.2015

Sehr geehrte/r Frau/Herr [Mustername],

besten Dank für den freundlichen Empfang in Ihrem Hause. Es freut mich sehr, Sie kennengelernt zu haben.

Danke für Ihre Zeit und die wertvollen Informationen über Ihr Unternehmen. Sobald wir den passenden Bewerber haben, werde ich auf Sie zukommen. Für Ihr Vertrauen bedanke ich mich im Voraus.

Freundliche Grüsse

[Signatur + persönliches Foto]

In einer Kundenbeziehung ist klare Kommunikation für mich wichtig, um auch ein deutliches Feedback zu bekommen. Deshalb frage ich bei einer Absage genau nach, warum der Bewerber nicht gepasst hat. So kann ich heraushören, ob der Kunde für weitere Bewerber offen ist und ich ihm einen anderen Bewerber vorstellen darf oder nicht. Ich frage ihn, wie viele Kandidatenprofile ich ihm schicken darf. Er soll das Gefühl von Vertrauen und Wertschätzung bekommen und wissen, dass ich professionell arbeite.

Einwände des Kunden (Firma)

Hier die zwei häufigsten Beispiele für Einwände: «Ich habe keine Zeit» und «Das ist zu teuer». Als Verkäufer muss ich hierzu sehr gute Argumente haben, um sie auszuräumen. Ich stelle dar, dass ich dem Kunden einen Mehrwert biete, ihm Zeit und auch Geld einsparen kann, damit er einen Nutzen hat, und dass wir sein Problem lösen, indem wir für ihn den Rekrutierungsprozess und administrative Tätigkeiten übernehmen.

Meistens erhalte ich bei der Terminvereinbarung (Kennenlernen) mit dem Kunden am Telefon eher keine Einwände, und wenn, dann antworte ich höflich und nicht mit «aber», sondern bestätige den Kunden in seiner Aussage, höre ihm gut zu und versuche, ihn umzustimmen, indem ich ihm offene Fragen stelle und keine Gegenfragen. Wenn er wirklich nicht will, dann melde ich mich zu einem späteren Zeitpunkt noch einmal – er soll mich ja freundlich in Erinnerung behalten.

Wenn ich keinen direkten Termin beim Kunden bekomme, dann sage ich, dass ich demnächst in der Nähe bin und gern meine Visitenkarte vorbeibringe. In der Regel sagt der Kunde nicht Nein. Wenn kein Interesse besteht, einfach einmal die Visitenkarte per E-Mail zusenden oder kalt vorbeigehen, frech sein und dabei immer höflich bleiben.

Wenn du dich im Bereich Kommunikation weiterentwickeln möchtest, gibt es verschiedene Anbieter auf dem Markt mit Ausbildungen zum Thema der Einwandbehandlung. Ich selbst bilde mich ständig weiter.

Damit du den Vermittlungsprozess effektiv umsetzen kannst, teile ich jetzt meine Erfahrungen mit Arbeitsorganisationsthemen mit dir.

Effektives Arbeiten

Organisation am Schreibtisch

Ich habe mir eine Struktur festgelegt, die für mich sehr gut funktioniert:

- Lebenslauf,
- personalisierter Fragebogen und
- Kandidateninfoblatt

drucke ich mir immer aus und lege die Bewerbungsunterlagen in dem Ablagekorb des entsprechenden Berufsprofils ab, so kann ich z.B., wenn ich einen Auftrag von einem unserer Kunden erhalte, den Stapel herausnehmen und schnell den richtigen Kandidaten heraussuchen.

Ich schaue, dass ich nicht mehr als vierzig Bewerber in meiner Kartei habe, damit ich alle Bewerber gut betreuen kann. Ich lege meine Stellenbeschreibungen (Kundenaufträge) ebenfalls in einem Ordner ab und kategorisiere sie nach den Berufsprofilen; so habe ich einen schnellen Zugriff auf die aktuellen Stellen, weil ich weiss, wo sie sind.

Für mich persönlich habe ich Ablagekörbe bereitgestellt, um alles in meinem Blickfeld zu haben, diese heissen z. B.:

Bewerbungseingänge, Stellenbeschreibung an Bewerber versandt, persönliches Interview Bewerber, Kundenunterlagen an die Firma, Interview beim Kunden, Referenz einholen, Fragebogen versandt, Absagen und Offen.

Berufskategorien sind z. B. Polymechaniker, HR-Manager, Softwareentwickler.

So ist mein Arbeitsplatz immer gut organisiert und ich bin effektiv und weiss, wo ich was finde.

Organisation am PC

Schau nach, ob du bei deinem Arbeitgeber in der Datenbank auch die wichtigen Informationen über den Kunden und den Bewerber eingeben kannst, wie z. B. Telefongespräch, Versendung der Bewerbungsunterlagen, Bemerkungen zum Bewerber, Vorstellungsgespräch. Wenn du das nicht hast, erstelle dir dazu eine Liste, damit du die wichtigen Infos immer leicht abrufbar hast.

Ich habe auf dem Desktop einen Hauptordner mit dem Namen «Fertige Bewerbungsunterlagen versenden» erstellt. Darin sind Unterordner mit A, B, C ... X, Y, Z beschriftet, in denen die Nachnamen der Kandidaten abgespeichert werden. Wenn ich also die Kundenunterlagen versenden möchte, gehe ich auf diesen Ordner und hole mir die Unterlagen vom Bewerber für die Versendung an die Firma heraus.

Für die Stellenbeschreibungen habe ich ebenfalls einen Hauptordner (mit dem Namen «Stellenbeschreibungen») angelegt, auch diesen mit Unterordnern (zu bestimmten Berufssparten), z. B.:

- 1. Stellenbeschreibung
- 1.1 Polymechaniker oder Sekretärin
- 1.2 Name der Firma/Stellentitel

E-Mail-Programm-Organisation

Für mich hat sich folgende Ordnerstruktur in meinem E-Mail-Programm bewährt:

- Bewerbungseingang
- Absagen
- Dossier versandt
- Kundenaufträge
- Kandidaten von Kollegen
- Stellen von Kollegen
- interne Informationen
- Job-Mails aktueller Stellen aus dem Internet

Auch dein persönliches Zeitmanagement ist ein wichtiges Thema. Ich zeige dir, was bei mir gut funktioniert.

Zeitmanagement

Ich habe ein Notizbuch, in dem ich meine Aufgaben nach folgenden Kriterien geordnet habe:

Wichtig und dringend: Das habe ich heute noch zu erledigen. (Diese Liste schaue ich jeden Tag an, wobei ich nur sechs wichtige Dinge aufschreibe, nicht mehr. Sonst wird es unübersichtlich. Wenn ich diese Punkte erledigt habe, streiche ich die Aufgaben durch.)

Wichtig: Es reicht, wenn ich es diese Woche erledige. (Auch diese Liste schaue ich mir jeden Tag an und verschiebe oder streiche durch – je nach Priorität.)

Dazu gibt es noch:

Aufgaben für jede Woche (wenn du etwas regelmässig jede Woche tust)

Aufgaben für jeden Monat (wenn du etwas regelmässig jeden Monat tust)

Alles andere schreibe ich auf die Liste «**Noch Zeit**», also nicht dringend (die schaue ich jede Woche an). Dazu schreibe ich noch meine **Ideen** auf, die ich einmal in der Woche prüfe.

Ich habe das für mich geordnet, weil dann mein Kopf nicht so voll mit Informationen ist. Sobald mir etwas einfällt, kann ich das auf meine Liste in mein Notizbuch schreiben und merke es mir so. Ich streiche gerne Sachen von meiner Liste und fühle mich danach wohl (als wenn ich meinen Kleiderschrank ausgemistet hätte). So ein Notizbuch führe ich übrigens auch für den privaten Bereich.

Übung

> Mach dir einen Plan, wie du deine Zeit am besten einteilst.
>
> Du findest dazu im Bonusmaterial ein Excel-Sheet zum Download: **bettinalukic.com/bonus**

Mir ist es sehr wichtig, dass ich im Kopf fit bin und meine Leidenschaft leben kann; dafür brauche ich ausreichend Pausen und Motivation. Im nächsten Schritt zeige ich dir, wie ich mich generell an einem Tag zum Erfolg motiviere.

So motiviere ich mich zum Erfolg

Ich folge jeden Tag einem Morgenritual. Ich stehe auf und mache zuerst zehnmal hintereinander die Übung das Yoga der Energie, danach hüpfe ich unter die Dusche, brate mir meine zwei Spiegeleier, und los geht es zur Arbeit. Im Bus höre ich mir positive Podcasts an, die mich motivieren, und betrete mit einem Lächeln und einem fröhlichen «Guten Morgen» das Büro.

Danach mische ich mir meinen Powervitamindrink, esse die zwei Eier, und der Arbeitstag kann beginnen. Was mich zwischendurch aus der Anspannung runterbringt, sind die Pausen, die ich vormittags und nachmittags einlege, damit ich kurz abschalten kann und an nichts denken muss; das klappt nicht immer, aber meistens. Hier höre ich zehn Minuten Meditationsmusik oder sieben Minuten eine Meditations-App. Zusätzlich stehe ich in der Regel jede Stunde auf und bewege mich ein paar Minuten.

Zwischendurch gähnen, strecken und dehnen gehört ebenfalls zu meinen Gewohnheiten. Ich trinke viel Wasser, was meiner Erfahrung nach gut für die Konzentration ist – bis zum Mittag habe ich schon 1,5 Liter getrunken.

Während der Telefonate mit Kunden oder Kandidaten stehe ich auf und bewege mich, indem ich mit dem Headset umherlaufe. In meinen 1,5 Stunden Mittagspause nehme ich mir Zeit, um in Ruhe ausgewogen und gesund zu essen. Dazu gehe ich mit einem Podcast im Ohr mindestens zwanzig Minuten spazieren. Wenn ich wieder am Schreibtisch sitze, nehme ich mir mein Notizbuch zur Hand, schaue es durch und hake die Sachen, die ich erledigt habe, ab.

Was mir an meiner Arbeit als Personalberater viel Spass macht, ist der angenehme Kontakt mit Bewerbern und Kunden, da dies immer sehr abwechslungsreich ist. Die Zusammenarbeit mit Kollegen ist mir wichtig, weil wir uns untereinander austauschen und unterstützen. Zu lachen und Spass an der Arbeit zu haben, ist sehr wichtig für mich.

Ich freue mich, wenn ich jemandem helfen kann, den richtigen Job zu finden. Unser Beruf ist nicht einfach. Durchhalten und nicht aufgeben ist sehr gefragt, und mit Freude geht alles immer besser. Nach meinem Arbeitsalltag schalte ich komplett ab und bilde mich stets weiter, indem ich Bücher lese oder Onlinekurse besuche, die mir für meine Weiterentwicklung etwas bringen. Für die Entspannung und Fitness gehe ich zweimal die Woche zum Yoga und nach dem Abendessen noch spazieren. Ich gehe früh ins Bett, damit ich mindestens acht Stunden Schlaf einhalten kann, dann fühle ich mich wohl.

Was ich ausserdem mehrmals am Tag mache, ist, mein Whiteboard anzuschauen, auf dem ich meine Erfolge notiert habe. Das motiviert mich, Gas zu geben, um noch mehr Menschen einen passenden Job zu vermitteln und sie glücklich zu machen.

Zusätzlich motiviert mich mein Whiteboard hinter mir an der Wand, auf dem ich alle Bewerberinterviews aufliste:

- Name des Bewerbers
- Bei welchem Kunden findet das Interview statt?
- Datum und Zeitpunkt des Interviews oder Probetag
- Vermittlungshonorar bei Vermittlung des Kandidaten

So stelle ich mir schon vor, dass mein Bewerber den Job erhält.

Nun hast du auch einige persönliche Dinge über mich erfahren und von mir einen erprobten Leitfaden bekommen Gehe diese Punkte für dich durch, probiere sie aus und kombiniere das mit meiner fachlichen Anleitung. So findest du die Punkte, die du für dich benötigst, übernimmst sie, und wendest sie an.

Zum Abschluss habe ich dir noch einige nützliche Vorlagen vorbereitet, die dir bei deiner Arbeit als Personalberater helfen.

Zusammenfassung des Bewerbungsprozesses als Checkliste

In der folgenden Liste habe ich den gesamten Bewerbungsprozess für dich zusammengefasst:

- Kläre ab, was deine Aufgaben als Personalberater sind.

- Kläre ab, für welche Region du zuständig bist.

- Spezialisiere dich auf eine Branche mit ein bis fünf Berufsprofilen, die du übernehmen wirst.

- Mache dich mit der Kunden- und Bewerberdatenbank vertraut (wenn vorhanden).

- Lass dir erklären, wie man ein Gespräch mit dem Bewerber führt.

- Schaue dir mit deinem Vorgesetzten an, wie die Bewerbungsunterlagen an den Kunden erstellt werden.

- Schaue dir an, wie ein Inserat erstellt wird.

- Schaue dir an, wie er/sie im Internet nach neuen Kunden, Kandidaten und Stellen recherchiert.

- Erstelle dir Ordner in deinem E-Mail-Programm – frag nach, wie es geht.

- Erstelle dir eine Übersicht über deine Inserate, damit du diese immer im Auge hast.

- Nimm alle von deinem Arbeitgeber angebotenen Schulungen in Anspruch.

- Wenn du in einer Firma arbeitest, die mehrere Filialen hat, tausche dich mit den Arbeitskollegen in deinem Bereich aus.

- Schaue dir einmal pro Woche die Aufträge deiner Kollegen an; vielleicht hast du einen passenden Bewerber.

- Schaue dir einmal pro Woche die eingeschriebenen Bewerber deiner Kollegen an; vielleicht hast du sogar einen Auftrag dafür.

- Schalte mindestens dreissig Stellen im Monat über die firmeninterne Website auf.

- Veröffentliche einmal in der Woche eine Stelle auf Social-Media-Plattformen, z. B. Xing oder LinkedIn.

- Vereinbare circa vier bis acht Bewerberinterviews pro Woche.

- Recherchiere über Portale (z. B. search.ch, Gelbe Seiten, Herold.at etc.) welche Kunden in deinem Bereich tätig sind, und informiere dich auf der Website, ob sie Stellen ausgeschrieben haben. Wenn keine Stellen ausgeschrieben sind, rufe an, stelle dich vor und kläre ab, ob Stellen zu besetzen sind, die nicht öffentlich ausgeschrieben wurden.

- Versende mindestens fünfzehn bis zwanzig qualitativ gute Dossiers pro Woche an deine Kunden (es kann auch ein Bewerber zehnmal versandt werden).

- Vereinbare telefonisch drei bis fünf Kundenbesuche in der Woche oder gehe ohne Anmeldung mit deiner Visitenkarte direkt bei der Firma vorbei und versuche, dort einen Termin abzumachen.

- Nimm dir einen Tag in der Woche Zeit, an dem du nur telefonierst, ohne andere Arbeiten zu erledigen oder anzuschauen (effizientes Arbeiten). Du kannst auch variieren und zweimal einen halben Tag lang nur telefonieren.

- Bereite dich einen Tag vor dem Telefonat mit dem Kunden (Firma) vor und überlege, welchen Kunden du ein Bewerberprofil vorschlagen oder auf welches Inserat du anrufen möchtest und bei welchen Kunden (Firma) du einen Termin vereinbaren möchtest. Bereite dazu zwei bis drei gute Bewerberprofile vor.

- Rufe mit dem Bewerberprofil an und schaue, dass die Berufsprofile auch zu der Branche des Kunden passen.

- Schicke mindestens alle zwei bis drei Wochen ein E-Mailing (Newsletter) mit drei bis fünf deiner besten Bewerber an deine Kunden oder nimm dir nur ein Profil heraus, das du dann speziell vorschlägst und nur an Kunden in dieser Branche sendest.

- Checke deinen E-Mail- oder Posteingang jeden Tag am Morgen und am Nachmittag.

- Versende nach jeder eingegangenen Bewerbung eine Eingangsbestätigung.

- Prüfe die Unterlagen des Bewerbers auf Vollständigkeit (Lebenslauf, Lehrzeugnisse, Arbeitszeugnisse, Diplome, professionelles Foto).

- Wenn der Bewerber in dein Portfolio passt, rufe ihn an.

- Lade ihn zu einem Vorstellungsgespräch ein.

- Bevor der Bewerber ins Kundengespräch geht, lerne ihn persönlich kennen und coache ihn, wie er sich beim Kunden verhalten und welche Unterlagen er mitnehmen sollte.

- Prüfe zwei bis drei Referenzen, damit du auf der sicheren Seite bist, und nutze dies ebenfalls als Akquise-Tool.

- Hole dir von jedem deiner Bewerber eine Empfehlung, ob er noch jemanden kennt, der ebenfalls auf der Suche ist.

- Lass dir von jedem vermittelten Bewerber ein Testimonial auf Social-Media-Plattformen geben, damit andere Bewerber auf dich aufmerksam werden (Personal Branding).

- Halte deinen Bewerber einmal in der Woche auf dem Laufenden bzw. sag ihm, dass er/sie sich bei dir melden soll.

- Erstelle eine Liste, wo deine Bewerber ihr erstes, zweites und drittes Interview haben.

- Nimm den Bewerber an die Hand, damit er dir nach dem Interview ein Feedback gibt, wie das Gespräch gelaufen ist, oder kontaktiere ihn selbst, um zu erfahren, wie es gegangen ist.

- Frage ein bis drei Tage nach dem Interview mit deinem Bewerber per E-Mail oder Telefon beim Kunden an, welchen Eindruck dein Bewerber beim Gespräch gemacht hat. Je nach Kunde ist der angemessene Zeitpunkt unterschiedlich, also frage, wann du dich melden darfst!

- Wenn du vom Bewerber oder Kunden erfährst, dass er angestellt wird, bedanke dich herzlich für die Zusammenarbeit und wünsche beiden viel Erfolg.

- Kläre den Beginn der Anstellung, den Stellentitel und das Gehalt nochmals ab, damit du deinem Kunden nachher den Vertrag zustellen kannst.

- Wenn der Bewerber nicht passt, schicke ihm eine Absage.

- Generiere für dich eine Kundenliste, in der steht, wohin du deine Kandidaten versendest, welche Vakanz du verschickst und wann die Interviews beim Kunden stattfinden.

- Sende nicht mehr als drei Dossiers auf eine Vakanz deines Kunden, ausser er wünscht mehr oder weniger.

- Prüfe einmal in der Woche, ob das Inserat deines Kunden noch auf der Homepage geschaltet ist.

- Als Dankeschön lade den Kunden zu einem Mittagessen ein. Dort erfährst du sicher auch noch mehr über ihn persönlich und das Verhältnis wird enger (Kundenbindung).

- Melde dich nach einem Monat bei deinem Kunden und frage, wie es ihm geht bzw. ob er mit deinem Bewerber zufrieden ist. Danach kannst du ihn monatlich kontaktieren (Kundenbetreuung) oder auch vorher, falls du einen Bewerber hast, der zur Firma passen könnte.

- Rufe auch den Bewerber nach den drei Monaten Probezeit an und frage, wie es bei ihm läuft (Kandidatenbetreuung).

- Beim Kundengespräch muss man sich passend und gepflegt anziehen, immer lächeln und freundlich sein, Small Talk betreiben, Lösungen bieten, unter die Oberfläche gehen, Visitenkarte, Unternehmensbroschüre, Mappe mit Schreibblock und Stift dabeihaben.

Mustervorlagen

Betreff: Fehlende Unterlagen

Sehr geehrte/r Frau/Herr [Mustername],

besten Dank für das freundliche Gespräch von eben. Bitte senden Sie mir noch Ihre vollständige Bewerbung – uns fehlen das Lehrzeugnis und die Arbeitszeugnisse sowie Diplome.

Anbei finden Sie unseren personalisierten Fragebogen, welchen Sie bitte so gut wie möglich ausfüllen und an mich retournieren. Idealerweise erhalten wir von Ihnen ein ausgefülltes Word-Dokument; so können wir Ihre Daten schnell und flexibel bearbeiten und später auch unkompliziert wieder löschen.

Sobald wir den Fragebogen zurückerhalten haben, werde ich Ihr Bewerberprofil gerne auch an meine Kollegen im Umkreis weiterleiten und wir kommen dann mit entsprechenden Stellenvorschlägen auf Sie zu.

Besten Dank im Voraus.

Für Fragen stehe ich Ihnen gerne zur Verfügung.

Freundliche Grüsse

[Signatur]

Verschiedene Absagen

Überqualifiziert für diese Stelle, aber Bewerberprofil interessant, deshalb möchte ich die Unterlagen behalten

Sehr geehrte/r Frau/Herr [Mustername],

vielen Dank für Ihre Bewerbung und Ihr Interesse an unserer Firma.

Wir haben Ihre Bewerbung ausführlich geprüft und bedauern, dass wir Ihnen die ausgeschriebene Stelle nicht anbieten können, da Sie für die Anforderungen unseres Kunden überqualifiziert sind.

Wenn Sie möchten, werden wir Ihre Unterlagen gerne behalten und mit passenden Stellen auf Sie zukommen.

Bei Interesse bitte ich Sie, den personalisierten Fragebogen so gut wie möglich auszufüllen und an mich zu retournieren. Idealerweise erhalten wir von Ihnen ein ausgefülltes Word-Dokument; so können wir Ihre Daten schnell und flexibel bearbeiten und später auch unkompliziert wieder löschen.

Für Fragen stehe ich Ihnen jederzeit gerne zur Verfügung.

Besten Dank für Ihre Rückmeldung.

Freundliche Grüsse

[Signatur + persönliches Foto]

Überqualifiziert

Sehr geehrte/r Frau/Herr [Mustername],

vielen Dank für Ihre Bewerbung und Ihr Interesse an unserer Firma.

Wir haben Ihre Bewerbung ausführlich geprüft und bedauern, dass wir Ihnen die ausgeschriebene Stelle nicht anbieten können, da Sie für die Anforderungen unseres Kunden überqualifiziert sind.

Leider haben wir im Moment keine freien Stellen zu besetzen, die Ihren Erfahrungen entsprechen.

Aufgrund der bestehenden Datenschutzbestimmungen werden wir Ihre Unterlagen löschen.

Wir danken Ihnen für Ihre Mühe, die Sie sich mit der Bewerbung gemacht haben, und wünschen Ihnen alles Gute für Ihren weiteren Weg.

Freundliche Grüsse

[Signatur + persönliches Foto]

Passt generell nicht

Sehr geehrte/r Frau/Herr [Mustername],

vielen Dank für Ihre Bewerbung und für das Interesse an der Stelle und unserer Firma.

Leider müssen wir Ihnen mitteilen, dass wir Ihnen derzeit keine Ihren Vorstellungen und Kenntnissen entsprechende Position in unserem Unternehmen anbieten können. Wir bedauern, Ihnen keine positive Rückmeldung geben zu können.

Aufgrund der bestehenden Datenschutzbestimmungen werden wir Ihre Unterlagen löschen.

Wir bedauern sehr, Ihnen keine günstigere Nachricht geben zu können, und bedanken uns für das unserem Hause entgegengebrachte Vertrauen.

Für Ihren weiteren Berufsweg wünschen wir Ihnen alles Gute. Wir sind überzeugt, dass Sie bald eine passende Stelle finden werden.

Freundliche Grüsse

[Signatur]

Passt gar nicht auf die Stelle

Sehr geehrte/r Frau/Herr [Mustername],

vielen Dank für Ihr Schreiben und die Unterlagen über Ihren bisherigen Werdegang.

Es ist uns nicht leichtgefallen, unter der Vielzahl qualifizierter Bewerbungen eine Auswahl zu treffen. Leider können wir im engeren Kreis der Bewerber nur diejenigen Kandidaten berücksichtigen, deren Qualifikationsprofil den spezifischen Anforderungen der ausgeschriebenen Stelle entspricht.

Leider haben wir im Moment keine freien Stellen, die Ihren Erfahrungen entsprechen.

Jedoch werden auf unserer Homepage ... die Stellenanzeigen regelmässig aktualisiert und wir laden Sie herzlich ein, uns weiterhin bezüglich entsprechenden Stellenangeboten zu kontaktieren.

Aufgrund der bestehenden Datenschutzbestimmungen werden wir Ihre Unterlagen löschen.

Bitte sehen Sie unsere Entscheidung nicht als Bewertung Ihrer Kenntnisse und Fähigkeiten an. Für Ihren weiteren Berufsweg wünschen wir Ihnen viel Erfolg sowie alles Gute für Ihre persönliche Zukunft.

Freundliche Grüsse

[Signatur + persönliches Foto]

Stelle besetzt und sonst nichts frei

Sehr geehrte/r Frau/Herr [Mustername],

vielen Dank für Ihre Bewerbung und für das Interesse an unserem Unternehmen.

Die ausgeschriebene Stelle konnten wir in der Zwischenzeit erfolgreich besetzen. Leider haben wir im Moment keine freien Stellen, die Ihren Erfahrungen entsprechen.

Aufgrund der bestehenden Datenschutzbestimmungen werden wir Ihre Unterlagen löschen.

Für Ihren weiteren Berufsweg wünschen wir Ihnen alles Gute.

Freundliche Grüsse

[Signatur + persönliches Foto]

Vakanz besetzt

Sehr geehrte/r Frau/Herr [Mustername],

vielen Dank für Ihre Bewerbung und für das Interesse, welches Sie damit unserer Firma entgegenbringen.

Die ausgeschriebene Stelle konnten wir in der Zwischenzeit erfolgreich besetzen.

Auf unserer Website [www ... ch] werden die Stellenanzeigen regelmässig aktualisiert und wir laden Sie herzlich ein, diese weiterhin auf entsprechende Stellenangebote zu prüfen.

Aufgrund der bestehenden Datenschutzbestimmungen werden wir Ihre Unterlagen löschen.

Für Ihren weiteren Berufsweg wünschen wir Ihnen alles Gute. Wir sind überzeugt, dass Sie bald eine passende Stelle finden werden.

Freundliche Grüsse

[Signatur + persönliches Foto]

Unterlagen aus der Datenbank löschen

Sehr geehrte/r Frau/Herr [Mustername],

seit einiger Zeit sind Sie bei uns als Bewerber erfasst. Leider ist es uns nicht möglich, Ihnen eine geeignete Stelle anzubieten.

Aus Gründen des Datenschutzes werden wir Ihre Unterlagen deshalb löschen.

Gerne können Sie auf unsere Website ... gehen und sich bei Auftauchen einer passenden Stelle wieder melden.

In der Zwischenzeit wünschen wir Ihnen viel Erfolg und danken Ihnen für Ihr Interesse an unserer Dienstleistung.

Freundliche Grüsse

[Signatur + persönliches Foto]

Bewerber eine Absage von Firma XY mitteilen

Betreff: Absage der Firma XY

Sehr geehrte/r Frau/Herr [Mustername],

leider muss ich Ihnen mitteilen, dass sich unser Kunde, die Firma XY, für einen anderen Kandidaten entschieden hat. Wir bedauern dies sehr.

Sollten Sie eine andere passende Stelle auf unserer Website sehen, können Sie gerne auf mich zukommen.

Bitte halten Sie uns bei einer Änderung Ihrerseits auf dem Laufenden. Besten Dank.

Freundliche Grüsse

[Signatur + persönliches Foto]

Schlusswort

Starte jetzt!

Ich wünsche dir, dass du entschlossen loslegst, dir deinen Erfolg holst, um mehr Menschen einen passenden Job zu vermitteln und Kunden zufriedenzustellen. Halte durch – dieses Business ist hart, aber wer hartnäckig bleibt, gewinnt. Hab Spass daran und bleib motiviert. Frag, wenn du etwas nicht verstehst: Nur aus Feedback und Fragen lernst du.

Ich hoffe, ich konnte dir in diesem Praxishandbuch für Personalberater Tipps und Tricks mit auf deinen Weg geben, wie du deinen Arbeitsalltag als Personalberater/Vermittler effektiver, effizienter und erfolgreicher gestalten kannst. Wenn du noch Fragen hast oder mir ein Feedback geben möchtest, dann schreib mir eine E-Mail an **info@bettinalukic.com**.

Ich freue mich auf dich und wünsche dir weiterhin viel Erfolg und gutes Gelingen.

Deine Bettina Lukic

www.ingramcontent.com/pod-product-compliance
Lightning Source LLC
Chambersburg PA
CBHW021412170526
45164CB00002B/622